Reineke der Fuchs

Reineke der Fuchs

Nach der Niederdeutschen Ausgabe
des „Reinke de Vos" von 1498 erzählt von
WILHELM FRONEMANN

HOCH-VERLAG · DÜSSELDORF

Umschlag und Textzeichnungen
von Helmar Becker-Berke

Inhalt

Erstes Buch

Zweites Buch

Drittes Buch

Viertes Buch

Hier beginnt das erste Buch
von Reineke dem Fuchs und allen Tieren

Wie der Löwe, König aller Tiere, den Landfrieden ausrufen und alle Tiere bitten läßt, an seinen Hof zu kommen

Wieder war der Frühling ins Land gekommen. Grün standen Wälder und Felder, Laub und Gras glänzten in der milden Sonne, Kräuter und Blumen sproßten, und der laue Frühlingswind trug ihren Duft über die blühenden Fluren. Die Sonne leuchtete klar am blauen Himmel, Vögel spielten in der Luft, aus Hecken und Bäumen hörte man ihren Gesang, hoch im Blau tirilierten die Lerchen, denn man feierte Pfingsten, des Jahres lieblichstes Fest.

Da ließ Nobel, der König aller Tiere, einen Hoftag ausrufen. Die Hörner erklangen nach den vier Richtungen der Welt, und auf allen Straßen ritten die Sendboten des Herrschers.

Sie kamen alle, die stolzen Gesellen und großen Herren, denn es sollte Friede sein, und niemand durfte dem andern Schaden tun. Jede Waffe mußte ruhen. Auch hatte der König versprochen, alle Klagen zu hören und Recht zu sprechen jedem, dem Unbill geschehen war. Mit fröhlichem Lärm und lustigem Hörnerschall kamen sie angezogen, die Helden und wackeren

Kämpen, Lüdke der Kranich und Marquart der Häher. Wer kennt die Namen alle der Tiere, die in langen Zügen dem Königshof zustrebten. In der Königsburg brauste und lärmte es von der Menge der Gäste. Alle begrüßten sie ehrfurchtsvoll Nobel, den König.

Wo aber auch die Geladenen sich zusammenfanden, im Kronsaal, im Burghof oder auf der Freitreppe, und wo man ihn auch suchte, einer fehlte, Reineke der Fuchs. Er allein hatte sich nicht getraut, der Ladung des Königs zu folgen. Zuviel böse Taten lasteten auf seinem Gewissen, und er hielt seine feste Burg Malepartus für sicherer als den königlichen Hof. Überall, wo einige Gäste zusammenstanden, erzählte man von seiner Bosheit, bittere Klagen über seine Räubereien wurden aus jedem Munde laut. Nur der Dachs, er allein, stellte sich taub, wenn von Reinekes Schändlichkeiten die Rede war, denn er war sein Brudersohn.

Wie Reineke der Fuchs von dem Wolf und vielen anderen Tieren vor dem König verklagt wird

König Nobel saß auf hohem Thron, umgeben von den Großen seines Reichs. Da trat vor ihn Isegrim der Wolf, und alle seine Freunde, Verwandten, sein ganzes Geschlecht folgte ihm. Er begann seine Klage: „Hochgeborener Herr König, gnädiger Herr, bei des Reiches Würde und Eurer Ehre, gewährt mir Gerechtigkeit und Gnade, erbarmt Euch, denn großen Schaden hat Reineke der Fuchs mir angetan. Große Schande und schweren Verdruß habe ich von ihm erlitten. Vor allem aber muß es Euch empören, daß er mein gutes Weib

in Schande gebracht, meine Kinder geblendet und verhöhnt hat. Drei von ihnen liegen mir daheim, die nicht sehen und immer starblind bleiben werden. Mich selbst hat der Schalk mit scharfem Spott beleidigt und gekränkt. Ich wollte allen Streit beilegen, und es war ein Tag angesetzt, die Sache zu richten oder zu vergleichen. Dort wollte er seine Unschuld beschwören; aber er kam nicht, sondern flüchtete in seine feste Burg. Ich rufe meine besten Leute, die mit mir vor Euch stehen, als Zeugen an. Nicht in einer ganzen Woche könnte ich allen Trug und alle Hinterlist erzählen, die der Schlimme mir zugefügt hat. Wäre alles Tuch, das in Gent gemacht wird, Pergament, es reichte nicht, Reinekes Schlechtigkeiten darauf niederzuschreiben. Und wozu soll man alles erzählen? Nur meines Weibes Schmach verschmerze ich niemals, und ich werde sie rächen, was auch geschieht."

Als Isegrim geendet hatte, trat ein kleines Hündchen heran, Wackerlos hieß es, und sprach französisch. Es klagte bitterlich, wie arm es sei. Im letzten Winter besaß es nur noch ein Stückchen Wurst und das hatte Reineke ihm genommen.

Da sprang Hinze der Kater vor, Zorn sprühten seine Augen: „Gnädiger Herr, Herr König, Ihr mögt Reineke feind sein, denn wir alle, groß und klein, fürchten ihn mehr als Euch. Was aber Wackerlos hier erzählt hat, das ist schon viele Jahre her, und die Wurst war m e i n . Einstmals kam ich bei Nacht in eine Mühle. Dort fand ich einen schlafenden Müllersmann, dem nahm ich die Wurst. Ich also hatte sie erworben, Wackerlos hat kein Recht an ihr."

Da fiel der Panther ihm ins Wort und sprach: „Freund Hinze, laß die alten Geschichten! Halte uns damit nicht auf. Reineke hat keine Ehre, keine Zucht, er ist ein Dieb und Mörder. Er raubt und stiehlt und würde selbst den König nicht schonen, wenn er einen fetten Braten dabei gewänne. Noch gestern habe ich sein größtes Schelmenstück verhindert. Es galt Lampe, dem Hasen, den ich Euch hier vorstelle. Unter dem Landfrieden und Geleit des Königs hatte Reineke sich an ihn herangemacht und ihm versprochen, daß er ihn das Singen wolle lehren und den christlichen Glauben. Zum Kaplan wolle er ihn machen. Lampe mußte vor ihm niederknien, und beide begannen die Messe zu singen. Aber Reineke konnte von seiner Raubgier nicht lassen. Er hielt Lampe zwischen den Klauen und hätte ihn umgebracht, wenn ich nicht eben des Weges gekommen wäre. Ich hatte den Gesang schon aus der Ferne gehört. Als ich herzukam, würgte Reineke den guten Lampe und entfloh eilig, als er mich sah. Hier seht Ihr die frische

Wunde am Halse Lampes, des frommen Mannes, der noch niemand etwas zuleid getan hat. Ich sage Euch, Herr König, und euch, ihr tapferen Gesellen, wenn der Landfriede, den der König verkündet hat, von diesem Diebe und Räuber ungestraft gebrochen werden darf, so werden viele dem König die Schuld geben und es ihm und seinen Kindern in Jahren nicht vergessen."

Isegrim fügte hinzu: „Es ist sicher wahr, Reineke muß gestraft werden. Wäre er nur tot, dann wäre uns allen geholfen und wir könnten in Frieden leben. Wird ihm jetzt wieder vergeben, dann wird er uns noch oft betrügen."

Wie Grimbart der Dachs Reineke vor dem König verteidigt und dem Wolf seine Bosheiten vorhält

Der Dachs war Reinekens Brudersohn. Deshalb nahm er sich des Fuchses, der doch ein falscher und schlechter Mann war, an und sprach mit kühnem Ton: „Herr Isegrim, niemand wird aus Feindes Mund Lob erwarten. Das habt Ihr an meinem Oheim bewiesen. Wäre er selbst zu Hofe gekommen und der König hätte ihn gnädig empfangen, Ihr würdet Euch hüten, ihn zu lästern und zu schmälen und uns hier mit alten Geschichten aufzuhalten. Was I h r ihm zuleide getan habt, das habt Ihr klüglich verschwiegen. Einigen der Herren, die hier vor dem König stehen, ist wohlbekannt, daß Ihr mit Reineke einen Bund geschlossen hattet. Ihr wolltet als zwei gleiche Gesellen leben und Not und Gefahr miteinander teilen. Einmal aber, es war mitten im grimmigkalten Winter, hat mein

Oheim durch Isegrims Gier fast den Tod erlitten. Ein Fuhrmann kam mit einem großen Faß Fische auf seinem Karren dahergefahren. Davon hätte Isegrim gern gegessen, aber er hatte kein Geld, sie zu bezahlen. Da mußte sich mein Oheim auf den Weg legen und sich totstellen. Als der Fuhrmann herankam, sprang er schnell vom Wagen, riß sein Schwert heraus und wollte meinen Ohm erstechen. Aber der rührte sich nicht, und der Fuhrmann meinte, er wäre mausetot. In welcher großen Gefahr aber schwebte mein Oheim! Doch er tat es für Isegrim. Der Fuhrmann schleuderte ihn auf den Wagen und gedachte ihm den Pelz abzuziehen. Als der Wagen weiterfuhr, warf Reineke einige Fische herab, die Isegrim, der nachgeschlichen kam, gierig verschlang. Reineke hätte auch gern von den Fischen gehabt; als er aber vom Wagen herabsprang, hatte Isegrim sie alle verzehrt und nur die Gräten übriggelassen. Die bot er Reineke schadenfroh an. Freilich hatte sich Isegrim den Magen zum Bersten überladen. Er mußte zum Arzt gehen und bittere Arznei schlucken.

Ein andermal hatte Reineke ein fettes Schwein ausgekundschaftet, das hing über dem Herd im Rauch. Reineke kroch zum Fenster hinein, holte das Schwein herunter und warf es Isegrim hinaus. Aber die Hunde kamen über ihn und zerzausten ihm sein gutes Fell. Als er ihnen entkommen war, kam er zu Isegrim und wollte seinen Anteil an der Beute. Isegrim aber warf ihm mit höhnischen Worten das Krummholz hin, an dem das Schwein gehangen hatte. ‚Das nimm und iß, und nage es gut ab, sicher wirst du fett dabei‘, spottete er. Reineke konnte vor Hunger nicht sprechen. Was er sich dachte, könnt Ihr Euch vorstellen.

Herr König, gnädiger Herr, ich sage Euch, solche Streiche, wohl hundert und mehr, hat Isegrim an meinem Oheim verübt.

Das ärgste aber will ich nicht erzählen. Das mag Reineke selber vorbringen, wenn er hier bei Hofe erscheint.

Ihr Herren, Herr König, edle Fürsten, auch das muß ich Euch sagen, weil es Euch schon bekannt ist: Töricht hat der Wolf gesprochen, sein eigen Weib hat er geschmäht, das er mit Leib und Seele schützen sollte. Es mag mehr als sieben Jahre her sein, und Isegrim war ins Ausland gereist, da verliebte sich Reineke in die schöne Frau Gieremund. Im schönen Frühling war's, bei einem Abendtanz. Gieremund ist freundlich zu Reineke gewesen, — was geht das uns an, ihr Herren? Sie kommt ja nicht selbst und klagt gegen ihn. Wenn Isegrim klug wäre, dann schwiege er von einer Sache, die ihm keine Ehre bringen kann.

Auch der Hase klagt gegen Reineke, erzählt uns Märchen und läßt Seifenblasen tanzen. Er hatte seine Aufgaben nicht gelernt, das war alles, deshalb mußte ihn Reineke bestrafen. Was würden für böse Buben heranwachsen, wenn man alle Frechheiten und Bübereien straflos durchgehen ließe!

Und warum beklagt sich Wackerlos? Die Wurst, die ihm Reineke weggeschnappt hat, war doch gestohlen! Seit wann gilt es als ein Verbrechen, wenn man dem Dieb die Beute abnimmt? Diebe soll man verfolgen und strafen. Wer könnte Reineke Vorwürfe machen, wenn er den Dieb an den Galgen gebracht hätte? Er unterließ es, denn der König allein übt den Blutbann aus. Nein, Reineke ist ein gerechter Mann, der niemand Unrecht tut. Seit der König den Landfrieden verkünden ließ, geht er nie mehr auf Raub aus. Er ißt nur einmal am Tag und schließt sich wie ein Klausner ein. Seit einem Jahre hat er kein Fleisch gegessen, weder Wild noch Huhn. Seine Feste Malepartus hat er verlassen und sich eine Klause gebaut. Dort wohnt er einsam, trägt ein Kleid von Haar, kasteit sich und büßt seine alten Sünden. Vor Hunger und Durst ist er ganz bleich und hager geworden. Warum klagt Ihr ihn hier an, wo er sich doch nicht verteidigen kann? Wäre er hier, niemand würde ein Wort gegen ihn zu sagen wagen."

Wie der Hahn in großer Betrübnis vor dem König erscheint, um Reineke des Mordes anzuklagen

Kaum hatte Grimbart geendet, da kam Henning der Hahn, gefolgt von seiner ganzen Sippe, an den Hof des Königs gefahren. Sie brachten auf einer Bahre eine tote Henne, Frau Kratzefuß. Reineke hatte sie umgebracht und ihr Hals und Haupt abgebissen. Das wollte Henning dem Könige klagen. Mit großer Betrübnis sah er ihn an. Zur Seite standen ihm zwei stattliche Hähne, denen in großer Trauer die Tränen aus den Augen rannen. Der eine von ihnen hieß Kreiant, und man fand keinen besseren Hahn zwischen Holland und Frankreich. Der andere wurde Kantart genannt, und es kam ihm an Biederkeit und kühnem Herzen keiner gleich. Sie trugen beide brennende Kerzen und riefen Ach und Weh um ihre gemordete Schwester. Zwei andere Hähne aber trugen die Bahre und weinten so laut, daß man es weithin hören konnte.

Herr Henning der Hahn trat vor den König und sprach: „Gnädiger Herr, Herr König, hört meine Worte in Gnaden an und erbarmt Euch, denn großer Schaden ist mir und meinen Kindern von Reineke angetan worden. Der harte Winter war vergangen, Gras und Blumen schmückten Wiese und Feld, die Bäume bedeckten sich mit grünem Laub, in neuer Pracht stand die ganze Natur. Ich war voller Fröhlichkeit, denn mir wuchsen der Söhne zweimal zehn heran, und zweimal sieben Töchter hatte mein Weib, die Henne, mir ausgebrütet. Alle waren gesund und stark und suchten ihr Futter im Ring des Hofes, den die Mönche mit einer starken Mauer umzogen hatten. Sechs Hunde, stark und verwegen, schützten das Kloster. Sie bewachten auch meine Kinder, spielten mit ihnen und hatten sie lieb. Reineke aber umschlich die Mauern des Klosters

bei Nacht, um zu erspähen, wie er einschleichen könne. Der
arge Dieb haßte uns und unser friedliches Leben. Wenn die
Hunde ihn witterten, mußte er eilends flüchten, sie hätten ihn
sonst zerrissen. Einmal erwischten sie ihn doch und zerzausten
ihm übel das Fell. Da hatten wir einige Zeit Ruhe. Jüngst
aber kam er als Klausner verkleidet daher; er wies mir einen
Brief vor, daran Euer Siegel hing. Darin stand geschrieben, daß
Ihr den Landfrieden verkündet und jedermann sicheres Geleit
versprochen hättet. Reineke fügte hinzu, er sei ein Einsiedler

geworden, habe ein hartes Gelübde getan und büße seine
Sünden. Daher brauchten wir ihn nicht mehr zu fürchten, wir
könnten in Sicherheit leben. Auch habe er des Fleischgenusses
vollkommen entsagt. Er zeigte mir seine Klausnerkleidung
und unter der Kutte ein Kleid von Haar. Auch ein Zeugnis
seines Priors wies er vor. Mit frommem Gruß verließ er mich
und sagte: ‚Ich gehe in meine Klause und muß noch meine
vorgeschriebenen Gebete lesen.' In seinem Gebetbuch lesend
entfernte er sich. Wie war ich da fröhlich und sorgenfrei, ich

rief meine Kinder herzu und erzählte ihnen Reinekes Botschaft. Wie freuten sie sich. Laut schreiend und lärmend zerstreuten sie sich auf der blühenden Wiese vor dem Kloster. Reineke aber hatte uns aufgelauert. Er umging uns, trieb die Schar der Meinen von der Pforte weg, ergriff mein bestes Kind und verzehrte es. Entsetzt waren wir in den Hof zurückgeflüchtet. Von der Zeit an aber konnte uns weder Jäger noch Hund bewachen. Bei Tag und Nacht stellte er uns nach und raubte ein Kind nach dem andern. Mit Schrecken sah ich ihre Zahl sich mindern. Zuletzt blieben mir nur noch fünf, die Ihr hier vor Euch seht. Meine liebste Tochter, die ich Euch hier auf der Bahre bringe, biß er noch gestern tot; aber die Hunde jagten sie ihm ab. Erbarmt Euch meiner Not, Ihr seht, was für Leid mir geschehen ist."

Wie der König mit seinen Herren zu Rate geht, wie man die Bosheit des Fuchses rächen wolle, und wie man die tote Henne begräbt

Die Klage Hennings hatte den König und alle Versammelten in großen Zorn versetzt. Höhnisch fuhr der König Grimbart den Dachs an: „Hört Ihr, Herr Dachs, wie Euer Oheim, der fromme Klausner, fastet und sich kasteit? Wozu noch viele Worte machen? Dieses Verbrechen wird ihn gereuen!" Dann aber wandte er sich mit milden Worten an Henning den Hahn: „Eurer Tochter, dem guten Huhn, soll volle Gerechtigkeit widerfahren. Wir wollen ihr ein ehrenvolles Begräbnis rüsten. Dann aber will ich mit meinen Herren zu Rate gehen, wie wir die Mordtat am besten rächen können."

Nun wurden alle Tiere zusammengerufen, junge und alte, damit die Totenmesse gehalten würde. Sie stimmten ein schönes Grablied an, das wechselte mit Chor- und Einzelgesang. Dann wurde die Tote in feierlichem Zuge zu Grabe getragen und unter vielen Tränen hineingesenkt. Über den Grabhügel aber setzte man einen schweren Marmorstein, der war geschliffen und blank wie Glas und zeigte diese Inschrift in großen Buchstaben:

Kratzefuß,

von Hennings Töchtern die Beste
liegt unter diesem Stein begraben.
Sie hat viel Eier gelegt in die Nester,
wohl verstand sie zu kratzen und zu scharren.
Reineke hat sie totgebissen,
alle Welt soll es erfahren.
Einem Mörder ist sie zum Opfer gefallen.
Wir beklagen ihren Tod.

Nach dem Begräbnis rief der König alle Herren zu sich. Allen war der Fuchs verhaßt, und sie berieten eifrig, wie ihm beizukommen wäre. Zuletzt kamen sie zu dem Entschluß, ihn an den Hof zu entbieten. Feierlich sollte er eingeladen werden, und Braun der Bär sollte der Bote sein.

Wie Braun der Bär mit einem Brief zu Reineke gesandt wird, wie er ihn findet und mit ihm redet

Der König wandte sich an Braun den Bären: „Ihr sollt die Botschaft an Reineke übernehmen. Ich befehle Euch, Braun, seid klug und vorsichtig, denn Reineke ist voller List und Tücke. Er wird Euch zu betrügen suchen, wird Euch schmeicheln und belügen." Braun aber entgegnete überlegen: „Mich soll er nicht hintergehen, beruhigt Euch nur. Wenn er versucht, mich zu überlisten, werde ich's ihm eintränken."

Stolz und hochgemut machte sich der Bär auf den Weg. Zuerst ging er den Berg hinauf, dann durch eine weite Wüste, und der Weg führte auf zwei Berge, die fern am Himmelsrand sichtbar wurden. Dort war Reinekes Jagdgebiet. Braun der Bär kannte es, denn er war erst am Tage zuvor dagewesen. Reineke besaß daselbst viele schöne Burgen. Die beste war Malepartus. Das war sein Lieblingsschloß, dort hielt er sich auf, wenn er in Sorgen war. Als Braun vor Malepartus ankam, fand er das Tor verschlossen. Da überlegte er, was er nun beginnen solle, wußte aber keinen Rat. Deshalb schrie er gegen die Burg: „Freund Reineke, seid Ihr zu Hause? Ich bin Braun, der Bote des Königs. Der König hat geschworen, Euch am Leben zu strafen, wenn Ihr nicht am Hof vor dem königlichen Gericht erscheint. Er hat streng befohlen, mit mir zu kommen. Bedenkt, daß Ihr durch Euren Ungehorsam die Gnade des Königs verscherzt und Euch Galgen und Rad drohen. Drum rate ich Euch gut, kommt mit mir."

Reineke hatte alles wohl vernommen. Er lauerte im Schlosse und dachte bei sich: „Wenn ich doch dem Bären seine frechen Worte heimzahlen könnte. Wie hoffärtig er spricht, der aufgeblasene Kerl." Er ging tiefer in sein Schloß hinein, um nach-

zudenken. Malepartus war eine weitläufige Befestigung mit Löchern, Höhlen, engen und krummen Gängen, die man leicht absperren konnte, wenn der Feind kam. Wenn Reineke Raub heimbrachte oder vor seinen Verfolgern sich verbergen mußte, dann fand er hier das sicherste Versteck. Manchmal schlüpften auch Tiere hinein, fanden aber niemals wieder heraus und wurden Reinekes sichere Beute.

Wie Reineke sich vorsichtig bedenkt und dann hinausgeht und Braun freundlich willkommen heißt

Reineke war zuerst in Sorge gewesen, daß Braun als Führer eines großen Heeres gekommen sei. Er hielt seine stolzen Worte für eine List, um ihn aus der Burg herauszulocken und zu überfallen. Nachdem er aber den Bären, der sich draußen in der Frühlingssonne räkelte, durch einen Spalt eine Zeitlang beobachtet hatte, sah er ein, daß er einen Hinterhalt nicht zu fürchten brauche. Da wurde er sehr vergnügt und ging zu Braun hinaus. Überaus freundlich schritt er dem königlichen Boten entgegen und sprach: „Willkommen, Onkel Braun, in meiner Burg! Entschuldigt, daß ich Euch nicht sofort aufgemacht habe. Ich mußte zuerst das Vespergebet lesen. Ich hoffe, daß Ihr mir gute Botschaft bringt. Wie konnte man Euch mit einem so mühevollen Gang betrauen! Ihr schwitzt ja, daß Euch das Haar trieft. Hatte unser König, der mächtige Herr, keinen andern Boten zu senden als Euch, den größten und edelsten Mann, den man am ganzen Hofe finden kann? Aber ich bin froh, daß Ihr gekommen seid, denn Ihr könnt mir mit klugem Rat beistehen. Wäret Ihr nicht gekommen, so hätte ich mich morgen auf den Weg zum König gemacht. Allerdings fühle ich mich nicht wohl und kann kaum gehen. Ich fand eine fremde Speise, von der habe ich zuviel gegessen und bin ganz matt davon. Seht, wie dick mein Leib geschwollen ist." Mitleidig fragte Braun: „Was habt Ihr denn gegessen?" Reineke aber entgegnete: „Was hülfe Euch der Name? Schlechte Kost ist es, an die ich geriet, denn ich bin ein armer Mann und kein Graf. Finde ich nichts Besseres, so begnüge ich mich auch mit Honigscheiben. Nur weil mir vor Hunger der Leib weh tat, aß ich davon. Daher ist mein Bauch so dick und ich kann die Schmerzen nicht stillen."

Als Braun vom Honig hörte, lief ihm das Wasser im Mund zusammen. Er sprach verwundert: „Ei, was hör' ich da, haltet Ihr den Honig für so gering? Honig ist die beste Speise, die ich kenne. Ich bin Euch dankbar und werde Euch überall beistehen, wenn Ihr mir helft, zu dem Honig zu kommen." „Spottet nicht, Onkel Braun", erwiderte Reineke, „wie könnte Euch der fade Honig schmecken?" „O nein", sprach Braun, „ich spotte wahrhaftig nicht." Da erzählte Reineke: „Hier in der Nähe wohnt ein Bauer, der heißt Rüstefiel. Der hat soviel Honig, mehr als Ihr und die Euren essen können." Der Bär trat vor lüsterner Gier von einem Fuß auf den andern und sprach: „Zeigt mir den Weg dahin, schnell, ich will Euch diesen Dienst vergelten. Wenn Ihr mich mit Honig satt machen wollt, müßt Ihr ihn mir mit Scheffeln zumessen." Reineke entgegnete: „Ich bin gern bereit, Euch zu führen. Zwar bin ich schlecht zu Fuß, aber die Liebe zu Euch und die Ehrfurcht vor dem Gesandten des Königs werden mir Kraft geben. Niemand lieber als Euch erweise ich diesen Dienst. Ihr könnt mir helfen, mich gegen meine Feinde vor dem Gericht des Königs zu verteidigen. Ihr sollt heute so satt werden, daß Ihr nicht nach mehr verlangt." Braun glaubte vom Honig zu hören, Reineke aber meinte die derben Schläge, die Rüstefiel austeilen würde.

Reineke lief flink voraus, und Braun folgte ihm ohne Besinnen in blinder Gier. So kamen sie an Rüstefiels Haus.

Wie Reineke den Bären betrügt und ihm Haupt und Füße in einen Baumstamm klemmt

Es war Abend geworden, dunkel lag der Hof Rüstefiels, der ein berühmter Zimmermann war. Reineke schlich zwischen den Baumstämmen umher, die hier und da lagen. Da fand er eine Eiche, die sollte gespalten werden, und Rüstefiel hatte von oben zwei glatte Keile eingetrieben. Eine Elle weit schon war an einem Ende der Baum gespalten. Reineke roch an dem Spalt und tat so, als ob ein wunderbar süßer Duft herausströmte. Er sprach: „Onkel Braun, in diesem Baum ist mehr Honig, als Ihr essen könnt. Steckt nur tief den Kopf hinein, aber übereßt Euch nicht, damit es Euch nicht geht wie mir und Euch der Schmerz wie mit Messern in die Eingeweide sticht." Mit eiliger Gier steckte Braun den Kopf bis über die Ohren in den Spalt und suchte auch mit den Vorderfüßen an den Honig zu gelangen. Reineke aber brach mit großer Kraft die Keile aus dem Stamm und der Baum schnappte zusammen. Da war Braun schmählich eingeklemmt, und der Baum hielt ihn wie eine riesige Zange an Kopf und Füßen fest. Da begann er zu heulen und zu brummen. Er zog gewaltig, um sich zu befreien. Mit den Hinterfüßen scharrte er im Sand. Der Lärm war so groß, daß Rüstefiel erwachte und eilends aus dem Bette fuhr. Was mochte das Geheul bedeuten? Eilig ergriff er ein scharfes Beil und lief auf den Hof. Da sah er eine dunkle Masse am Eichenstamm wie toll hin und her springen, die heulte und keuchte und stöhnte. Als Reineke Rüstefiel kommen sah und sah das Beil blinken im Licht der Nacht, wandte er sich zur Flucht und rief dem Bären noch zu: „Wie steht es, Braun, schmeckt der Honig gut? Ich sehe Rüstefiel kommen. Gewiß will er Euch helfen, den Honig herauszuholen." Dann sprang er eiligst über den Zaun und verschwand in der Richtung auf Malepartus.

Wie der gefangene Bär von den Bauern geschlagen wird, endlich doch loskommt und flüchtet

Vorsichtig näherte sich Rüstefiel dem brüllenden Untier, das wie unsinnig um das Ende des Baumstammes sprang. Als er sah, wie sich der Bär gefangen hatte, rannte er eiligst ins Dorf und stand mit blankem Beil in der Wirtsstube, wo noch späte Gäste saßen. „Kommt eilig mit mir!" rief er hastig. „In meinem Hofe hat sich ein Bär gefangen!" Da sprangen sie alle auf und stürzten hinter ihm her. Jeder ergriff, was ihm unterwegs in die Hand geriet, dieser eine Mistgabel, der eine Hacke, der den Rechen und der Wirt den Bratspieß. Der fünfte riß eine Latte aus dem Zaun. Auch Pfarrer und Küster liefen mit, und Frau Jutta, die Pfarrersköchin, bekannt als Meisterin des Grützetopfs, kam mit dem Spinnrocken daher.

Braun hörte den Lärm und das Geschrei. In seiner Angst und Not riß er so gewaltig, daß er den Kopf frei bekam, doch Ohren, Haare und Haut blieben im Baumstamm zurück, und die Pfoten saßen fest. Kläglich sah das geschundene Tier aus, dem das Blut in Strömen vom Kopfe rann. Rasend vor Schmerz brüllte Braun auf und riß mit gewaltiger Kraft auch seine Füße heraus. Das Fell aber blieb auch hier im Spalt. Kraftlos fiel er ins Gras, er konnte nicht gehen und stehen. Unterdessen waren die Bauern herangekommen und schlugen von allen Seiten auf ihn ein. Selbst der Pfarrer hatte einen langen Stab gefunden, mit dem er eilig auf ihn losprügelte. Mit Spießen, Beilen, Hämmern, Feilen, Schaufeln, Spaten fielen sie über den armen Braun her, schrien und schlugen. Der krummbeinige Schloppe und Ludolf, der die breite Nase hatte, Gerold und sein Schwager Kuckelrei droschen auf den Bärenpelz los, als ständen sie mit dem Dreschflegel auf der Tenne. Die Frauen aber kreischten, warfen mit Steinen nach Braun und eine schwang sogar eine Wasserbütte und ließ sie dumpf auf den Bären herabsausen. Zuletzt kam Rüstefiels Bruder gesprungen, schwang einen schweren Knüppel und schmetterte ihn Braun auf den Kopf. Da fuhr der wie rasend auf und fiel in wildem Sprung mitten unter die Weiber. Die kreischten in großer Angst auf und etliche stürzten in den Fluß, der da vorbeifloß. Da kamen die mordgierigen Männer zur Besinnung, und der Pfarrer schrie auf: „Da im Fluß treibt Frau Jutte, meine Magd! Helft, helft, sie ertrinkt! Zwei Tonnen Bier geb' ich dem, der sie rettet."

Da ließen sie vom Bären ab, holten Stangen, um die Frauen zu retten. Unterdessen gelang es Braun, den Fluß zu erreichen, und er warf sich ohne Besinnen in die Flut. „Nun ist es zu Ende", dachte er, „aber lieber will ich ersaufen, als zu Tode geprügelt werden." Doch o Wunder, der Bär schwamm und die Bauern sahen ihn treiben. Da liefen sie schreiend am Ufer hin: „Nun ist er uns doch entronnen, schämen müssen wir uns; aber die Weiber sind schuld." Die standen triefend und liefen eiligst nach Hause. Die Männer aber hatten eine Fackel entzündet und leuchteten am Baumstamm. Sie fanden Haut und Haar von Ohren und Füßen. Da waren sie unbändig froh und riefen höhnisch: „Komm nur wieder, du ehrloser Dieb, deine Ohren und Handschuhe behalten wir zum Pfande." So hatte Braun zum Schaden auch noch die Schande. Während er so im Fluß dahintrieb, fluchte er allen und jedem, dem Baum, der ihn festgehalten, den Bauern, die ihn mißhandelt und vor allem Reineken, der ihn so schmählich verraten hatte. Der Strom führte ihn rasch fort. An einer Biegung des Flusses spürte er Boden unter den Füßen und kroch ans Land. Fast ohne Besinnung, wie tot lag er da; wie schmerzten ihm Kopf und Füße! Er stöhnte: „O Reineke, du falsches Geschöpf, wie hast du mich elend betrogen!"

Wie Reineke den Bären verspottet

Als Reineke, der schlaue Fuchs, seinen Onkel so schlimm angeführt hatte, lief er frohen Mutes fort. Am Ende des Dorfes wußte er ein Hühnerhaus. Dort brach er ein und stahl ein fettes Huhn. Das schleppte er in die Weiden am Flußufer und hielt eine tüchtige Mahlzeit. Dann trank er am Fluß und schlenderte langsam am Wasser hin, um nach Malepartus zu gelangen. Nie war ihm leichter zumut gewesen. Er sprach vor sich hin: „Wie freue ich mich, Braun ist tot! Das war ein kluger Streich von mir, daß ich Braun zu Rüstefiel gebracht habe. Sein scharfes Beil hat mich von dem alten Feind endgültig befreit. Nun wird er mich nicht mehr verklagen können." So stieß er auf den verwundeten Bären, der immer noch jammernd und stöhnend am Ufer lag. Da wurde er sehr ärgerlich, daß Braun noch am Leben war, und er schalt auf Rüstefiel: „O Rüstefiel, armer Narr, fahrlässiger Lump, erbärmlicher Wicht! Nun liefere ich dir den fettesten Braten, den dir je einer angeboten hat, und du nimmst ihn nicht einmal!" Als er aber sah, wie arg geschunden Braun dalag, da war er sehr froh und mit bitterem Hohn verspottete er den Wunden: „Ach, was seh' ich, Ihr scheint bei Rüstefiel Eure Mütze, Eure Ohren und Eure Schuhe vergessen zu haben. Habt Ihr den Honig damit bezahlt? Oder habt Ihr ihn gestohlen, und wie seid Ihr so rot bemalt? Wer hat Euch diesen Schabernack angetan, oder seid Ihr einem Orden beigetreten, der ein rotes Barett trägt? Oder seid Ihr gar der Oberste des Ordens und seid deshalb so hergerichtet?"

Braun konnte auf Reinekes scharfen Spott nichts erwidern. Stumm kroch er wieder ins Wasser und ließ sich weitertreiben. An einer flachen Stelle schleppte er sich abermals ans Land. Ihm war elend zum Sterben: „Schlüg' mich doch einer tot. Ich

kann nicht gehen, ich bin geschändet, ich kann nicht zum König zurück. Aber ich werde Reineke, diesem argen Dieb und Erzverräter, seine Tücke doppelt heimzahlen." Unter großen Schmerzen und vielem Jammern kroch und hinkte er weiter und kam endlich am vierten Tage an den Hof des Königs zurück.

Wie Braun an den Königshof zurückkommt und Reineke verklagt

Als Braun heranwankte, eilten ihm alle Tiere entgegen und führten ihn zum König. Der war entsetzt und sprach: „Um Gottes willen, ist das Braun? Wie sieht er aus? Wer hat dir das getan?" Braun vermochte sich kaum auf den Füßen zu halten. Mit jämmerlicher Stimme sprach er: „Herr, Euch klage ich mein Unglück. Was mir geschah, ist Reinekes Werk. Er verriet mich, der Schändliche." Zornbebend sprang der König auf und grollend klang seine Stimme: „Bei meiner Ehre, meiner Krone, ich will Brauns Schimpf rächen." Er rief seine Räte zusammen, um sich mit ihnen zu besprechen, wie man Reineke beikommen könne. Sie rieten ihm, Reineke nochmals einzuladen und Hinze als zweiten Boten zu entsenden. Er nahm den Vorschlag an.

Wie Hinze der Kater mit der zweiten Botschaft zu Reineke gesandt wird und wie Reineke ihn empfängt und verrät

Der König rief Hinze zu sich: „Überredet Reineke, daß er sofort kommt. Erscheint er nicht, so werden wir ihn und sein ganzes Geschlecht verderben, das möge er bedenken." Hinze war in Sorgen: „Sendet lieber einen anderen Boten. Der große Braun konnte Reineke nicht bezwingen. Wie sollte es mir gelingen?" Der König antwortete: „Manch kleiner Wicht steckt voll Klugheit und List. Seid Ihr nicht groß von Person, so kennt man Euch doch als klug, weise und gelehrt." Hinze sprach: „Euer Wille geschehe. Wenn ich unterwegs zur Rechten ein Zeichen sehe, so ist es gut um meine Fahrt bestellt."

Als Hinze eine Strecke gegangen war, sah er einen Martinsvogel (Eisvogel) fliegen. Den rief er an: „Heil, edler Vogel, wende dich zu mir und setze dich zu meiner Rechten nieder." Der Flinke aber ruhte auf einem Baum aus und saß zur Linken. Da erschrak Hinze sehr und zögerte weiterzugehen. Dann aber sprach er zu sich selbst: „Was für ein abergläubischer Narr bin ich!" Und mit starken Schritten setzte er seine Reise fort. Als er vor Malepartus ankam, fand er Reineke vor der Tür sitzen. Seine Kinder umspielten ihn und zerrten an einer fetten Gans, die er erbeutet hatte. Er begrüßte ihn freundlich: „Der gnädige Gott schenke Euch einen guten Abend, Vetter Reineke. Ich komme vom König. Euer Leben ist in Gefahr. Folgt Ihr mir nicht an den Hof, so droht Euch und Eurer ganzen Sippe der Untergang." Reineke antwortete: „Seid mir willkommen, Vetter Hinze. Gott gebe Euch Heil und Segen." Die schönen Worte kamen nicht aus seinem Herzen, doch Hinze bemerkte nicht das tückische Funkeln seiner Augen. Reineke bedachte, wie er Hinze schänden und ihn mit Schimpf an den Hof zurücksenden könne. Aber mit dem freundlichsten Gesicht sprach er zu dem Besucher: „Ihr seid heute mein Gast und bleibt die Nacht bei mir. Morgen früh wollen wir miteinander zu Hofe gehen. Ich wüßte nicht, wem unter meinen Verwandten ich lieber folgte. Der gefräßige Braun kam trotzig zu mir und verbarg nicht einmal, wie er mir zürnte. Um kein Geld wäre ich mit ihm gegangen. Mit Euch zu gehen wird mir eine Ehre sein." Hinze aber drängte: „Mir wäre es lieber, wir gingen jetzt gleich. Der Mond leuchtet taghell auf der Heide, die Luft ist klar und der Weg gut." Reineke entgegnete: „Nein, Nachtwandern bringt Gefahr. Bei Tage wird uns jeder freundlich

begrüßen. Bei Nacht aber ist niemand zu trauen." Hinze war
es zufrieden: „Ich bleibe hier, was gibt es zu essen?" Reineke
triumphierte im Stillen und erwiderte höflich: „Was darf ich
Euch anbieten? Wir behelfen uns mit einfacher Speise. Gute,
frische Honigscheiben sind da, die ich Euch sehr empfehlen
kann." „O nein, das ist keine Speise für mich", wehrte Hinze
ab. „Habt Ihr denn sonst nichts im Haus? Etwa eine fette
Maus? Das ist meine liebste Kost." Da sprach der Fuchs:
„Wenn's nur das ist. Mäuse gibt es hier in Fülle. Nicht weit
von hier wohnt ein Pfarrer. Bei seinem Hause steht eine
Scheune, darin wimmelt es von Mäusen. Nicht auf einen Wagen
könnte man sie alle laden. Wie oft hörte ich den Pfarrer klagen,
daß das Ungeziefer ihm schadet bei Tag und Nacht." Eilig
antwortete Hinze: „Ich danke Euch für Eure Freundlichkeit.
Führt mich schnell hin. Kein Wildbret in der ganzen Welt
mundet mir mehr als Mäuse." Reineke tat erstaunt: „Ist das
Euer Ernst, dann folgt mir, und wir beeilen uns, den Pfarrhof
zu erreichen." Gutgläubig trottete Hinze mit. Sie kamen durch
Winkel und Gassen und standen bald an der Wand der
Scheune, die war aus Lehm gemacht. Reineke hatte in der letzten Nacht ein Loch hineingebrochen und einen fetten Hahn
gestohlen. Martin, des Pfarrers Sohn, hatte den Weg des Diebes
erkundet und vor das Loch eine feste Schlinge gehängt. Der
kluge Reineke aber hatte sich nicht überlisten lassen und sich
wohl gehütet, den Weg zum zweitenmal zu gehen. Hier war
günstige Gelegenheit, Hinze anzuführen. Er sprach arglistig:
„Kriecht nur durch dieses Loch, tut Euch an den Mäusen güt-
lich, Ihr werdet sie in Haufen greifen. Hört Ihr, wie sie pfeifen
und springen? Ich halte unterdessen Wache und erwarte Euch,
wenn Ihr satt seid." Hinze aber war ängstlich: „Droht mir auch
keine Gefahr? Ich traue den Menschen nicht." Reineke aber

spottete: „Seid Ihr so furchtsam? So kenne ich Euch nicht wieder. Kommt, laßt uns umkehren. Mein Weib wird Euch mit Ehren empfangen und uns gut bewirten, wenn auch nicht mit Mäusen." — Hinze war beschämt. Mit einem Satz fuhr er durchs Loch und — zappelte in der Schlinge.

Wie Hinze gefangen und mißhandelt wird und ein Auge verliert

Als Hinze die Schlinge spürte, erschrak er sehr und tat in der Angst einen großen Sprung. Da zog sich die Schlinge noch fester zusammen. Da schrie er in großer Angst. Reineke hörte es und rief schadenfroh ins Loch hinein: „Ja, Hinze, ich höre dich wohl. Schmecken die Mäuse gut? Sind sie gut und fett? Wenn der Pfarrer wüßte oder Martinchen, sein Sohn, wie Ihr sein Wildbret Euch schmecken laßt, er brächte Euch sicher den Senf dazu; denn Martin ist ein höflicher Knabe. Aber warum singt Ihr denn beim Essen? Ist das bei Hofe Sitte?" Er wandte sich ab und sprach zornig vor sich hin: „Ich wollte, Isegrim säße in der Schlinge. Dann wäre ich jetzt an ihm gerächt." Dann machte er sich eiligst davon, denn Hinze schrie laut und erbärmlich. Das vernahm Martin. Eilig sprang er aus dem Bett und rief erfreut: „Endlich hat sich der Hühnerdieb gefangen. Nun soll er mir den Hahn bezahlen." Schnell entzündete er ein Licht und weckte laut schreiend das ganze Haus: „Schnell, der Fuchs ist gefangen." Da kamen sie alle gesprungen, groß und klein. Die Köchin erschien mit einem Leuchter. Der Pfarrer hatte rasch nur einen leichten Mantel

umgeschlagen. Martin ergriff einen Spieß, der an der Wand lehnte. Der Pfarrer fand einen Forkenstiel. So stürmten sie in die Scheune und sahen im Licht des Mondes, das durch das Loch fiel, den Dieb in der Schlinge hin- und herfahren. Sie prügelten auf ihn los. Überall trafen den Kater die Schläge, auf Kopf, auf Hals und Rücken. Ein Auge wurde ihm ausgeschlagen. Da geriet er in äußerste Wut, fuhr dem Pfarrer zwischen die langen Beine, biß und kratzte. Der schrie vor Entsetzen auf und fiel ohnmächtig zur Erde. Auch die Köchin kreischte auf: „Der Teufel hat seine Hand im Spiel!" Schnell setzte sie den Leuchter nieder, und auch Martin griff zu. Sie trugen den Ohnmächtigen ins Haus und legten ihn ins Bett. Hinze sah sich plötzlich allein. Auch er war in großer Not, verwundet und zerschlagen. Da begann er am Strick zu nagen, riß und biß. Endlich war er frei und schoß mit einem großen Satz zum Loch hinaus. Ohne Rast jagte er durch die mondhelle Nacht und kam am Morgen beim Hofe des Königs an. Mit letzter Kraft sprang er zwischen die Tiere, die sich eben vor dem Throne des Königs versammelten. Der König sah ihn und fuhr mit Zorngebrüll auf. Seine Räte umdrängten den Thron. Alle redeten durcheinander. Da schob sich Grimbart durch die Menge hindurch und stand vor dem zornigen König: „Hier sind viele Kläger, und mein Oheim mag schlecht sein, aber ohne Verhör darf ein freier Mann nicht gerichtet werden. Dreimal muß er geladen werden. Erscheint er dann nicht, so verurteilt ihn." Der König schrie ihn an: „Wer hätte den Mut, die dritte Einladung zu überbringen? Wen gelüstet es, Auge und Leben zu verlieren, wenn er den Schelm zu Hofe lüde?" Grimbart erwiderte bescheiden: „Ich bin bereit, die Botschaft zu überbringen." Der König beruhigte sich: „So geht, aber hütet Euch vor Reinekes Tücke." Grimbart sprach: „Seid ohne Sorge, ich bringe ihn her."

Als Grimbart nach Malepartus kam, traf er Reineke mit seiner ganzen Familie vor der Burg. Er spielte mit Weib und Kindern in der Sonne. Sofort führte er den Gast ins Haus und begrüßte ihn im Saal. Grimbart aber wehrte die Höflichkeit ab und sagte ernst: „Ohm Reineke, Ihr seid doch sonst ein kluger und gelehrter Mann! Wie könnt Ihr des Königs Befehl zweimal mißachten und verspotten, seine Boten schänden und mißhandeln! Ihr wißt doch, wie man Euch verklagt. Zögert nicht und folgt der dritten Einladung. Wollt Ihr abwarten, bis das ganze königliche Heer heranzieht und Euch in diesem Eurem Schloß belagert? Euch, Eurem Weib und Euren Kindern würde es das Leben kosten. List hilft Euch nicht mehr, hört auf meinen Rat und folgt mir zum König."

Wie Reineke verspricht, Grimbart zu folgen, und wie er von Frau Ermelein Abschied nimmt

Reineke antwortete seinem Neffen: „Ihr habt recht, es ist am besten, ich gehe mit Euch und verteidige mich selbst gegen die Kläger. Der König war mir immer wohlgesinnt, und mein Rat war ihm bei manchen Gelegenheiten sehr nützlich. Darum bin ich auch bei den andern Tieren so verhaßt. Wenn ich nur dem König unter die Augen trete, so wird sein Zorn nachlassen. Er weiß, was er an mir hat. Wohl hat er viele Räte, aber sie haben keinen Verstand. Gilt es einen schwierigen Fall, so kann nur ich feinen und guten Rat finden. Und warum soll ich noch länger zögern, mir Verdruß machen und Weib und Kind in Angst und Leid bringen? Gebraucht der König Gewalt, so kann ich doch nicht widerstehen."

So machte sich Reineke reisefertig. Er umarmte seine Frau und küßte Reinhart und Rossel, seine kleinen Söhne. Dann sprach er: „Frau Ermelein, ich befehle Euch meine Kinder. Sie seien Euch ans Herz gelegt, wartet und pflegt sie gut. Reinhart, mein Jüngster, ist noch klein. Weich steht ihm noch der Flaum rings um das Mäulchen. Er wird einst seinem Vater gleichen. Und Rossel ist mir nicht minder lieb. Hüte die Kin-

der!" Damit wandte er sich rasch um und verließ das Schloß.
In großer Trauer blieb Frau Ermelein mit ihren Kindern zurück.

Rüstig schritten Reineke und Grimbart daher. Reineke spürte
leise Angst im Herzen und sprach zu Grimbart: „Lieber Neffe,
ich bin in Sorge und Not. Ich fürchte Unheil, vielleicht droht
mir der Tod. Gerne würde ich beichten, aber es ist kein Pfarrer
hier. Am liebsten möchte ich d i r meine Sünden bekennen."
Grimbart erwiderte sehr ernst: „Die Beichte hilft Euch nicht
viel. Laßt Verrat und Diebstahl, hört auf zu rauben, sonst kann
Euch niemand gerecht sprechen." Reineke sprach: „Das ist
mir bekannt. Ich beginne: Dem Otter und dem Kater habe ich
manches Übel angetan. Ebenso haben alle Tiere, die da leben,
viel Leid von mir empfangen. Den Bären, meinen Onkel,
brachte ich zuerst in den Baum und dann in den Strom. Er
wurde so blutig geschlagen, daß er nur eben mit dem Leben
davonkam. Hinze lehrte ich Mäuse fangen und brachte ihn an
den Strick. Auch ihn schlugen sie, und ein Auge ging ihm verloren. Dem Hahn habe ich fast alle seine Kinder genommen.
Er mag sich über den Fuchs wohl beklagen. Meine Schuld ist
groß, ich bitte, daß sie mir vergeben werde. Auch dem König
habe ich manche Schmach angetan, und die Königin wurde
von mir beleidigt. Isegrim ist von mir in jeder Weise geschändet
worden. Er ist zwar nicht mein Ohm, obwohl ich ihn so hieß.
Es mögen sechs Jahre her sein. Da kam er zu mir ins Kloster
bei Elemar. Dorthin war ich meiner Sünden wegen gereist.
Er bat, ich solle ihm helfen, auch Mönch zu werden. Er meinte,
das würde er wohl lernen und begann mit den Glocken zu
läuten. Das gefiel ihm besonders gut. Ich band ihm beide
Füße an den Glockenstrang, damit er dieses Vergnügen genießen könne. Das trug ihm wenig Ehre ein. Er läutete so

gewaltig, daß alle Leute zusammenliefen und meinten, der Teufel wäre los. Sie hörten nicht auf seine Worte, sondern schlugen ihn halb tot. Einstmals lehrte ich ihn die Fische fangen. Als er mit dem Schwanz im Eise festsaß, haben ihn die Bauern halb zu Tode geprügelt. Und bei dem reichen Pfarrer im Jülicher Land, wie hat es da Prügel gesetzt! Der Mann hatte einen langen Speicher, wo manche Speckseite lag. Isegrim brach ein Loch in die Wand und

machte sich über das Fleisch her. Er aß in solchem Übermaß, daß sein Bauch dick und schwer wurde. Ich konnte durch das Loch leicht hindurch. Als Isegrim sich vollgegessen hatte, machte ich vor dem Hause Lärm. Ich lief ins Pfarrhaus, wo der Pfarrer vor einem Kapaunen saß, der braun und lecker vor ihm auf der Tafel stand. Ich sprang geschwind hinzu, ergriff den Braten und lief weg. Der Pfarrer begann ein großes Hallo, sprang auf, stolperte und riß im Nachspringen die ganze Tafel

um. Er rief: ‚Schlagt ihn, fangt ihn!' Auf der Straße stolperte er erneut und fiel hin. Eine ganze Schar Volks lief mir nach. Steine Besenstiele, Rüben, Hämmer, Äxte flogen hinter mir her.

Ich lief eiligst bis vor den Speicher, wo Isegrim eben die letzten Fleischstücke hinunterschlang. Dort ließ ich das Huhn fallen, weil es mir zu schwer geworden war und machte mich eiligst davon. Alles Volk versammelte sich vor dem Speicher. Auch der Pfarrer kam keuchend nach. Er hob das Huhn auf und rief: ‚Schlagt zu, Freunde, haut ihn!' Dann hörte er, daß der Wolf im Speicher sei. Da schrie er: Der ist noch viel schlimmer, schlagt ihn tot!' Isegrim suchte zu entkommen, aber er blieb mit seinem dicken Bauch in dem kleinen Loch hängen. Da schlugen sie so lange auf ihn los, bis kein Leben mehr in ihm war. Sie zerrten ihn aus dem Loch heraus und schleiften ihn durch den Dreck. Zuletzt flog er unter aller Geschrei im großen

Bogen in eine Düngergrube. So lag er die ganze Nacht im Dreck. Aber er war nur ohnmächtig, doch weiß ich nicht, wie er herausgekommen ist.

Ein Jahr später kam Isegrim wieder zu mir. Ihn hungerte nach Hühnern. Da erzählte ich ihm von einem Hühnerstall und brachte ihn dahin. Eine Klappe am schrägen Dach war aufgestellt, und wir schlichen hinein. Ein schmaler Balken führte von der Öffnung in den Raum hinein. Ich ließ Isegrim vorgehen, aber er war ängstlich und wollte nicht weiter. Ich ermunterte ihn: ‚Ihr müßt Euch nicht besinnen, wer ein fettes Huhn haben will, muß etwas dafür wagen.' Da kroch er ängstlich weiter und tastete Schritt für Schritt vor. Er sagte: ‚Wir sind verraten, hier ist von Hühnern keine Spur.' Ich beruhigte ihn: ‚Das vorderste hab' ich schon geholt, kriecht nur tiefer hinein.' Während er weiterkroch, schlich ich hinaus und riß die stützende Latte weg. Da schlug der Laden mit großem Krach zu. Isegrim erschrak so gewaltig, daß er von dem schmalen Balken abstürzte und schwer auf den Boden aufschlug. Durch den Lärm wurden die Leute im Hause wach, sie machten Licht. Als sie den Wolf fanden, schlugen sie ihn wund bis auf den Tod. Mich wundert, daß er entkommen ist.

Auch an Frau Gieremund habe ich nicht ehrenhaft gehandelt. Sie wird die Schmach, die ich ihr zugefügt, nicht so leicht verwinden.

Seht, soviel Sünden habe ich begangen, und sie belasten schwer mein Gewissen. Ich bitte Euch, sprecht mich frei. Legt mir Buße auf, ich will sie tragen."

Grimbart hatte zuerst erstaunt die Beichte seines Onkels angehört. Dann begriff er, daß der Listige und Schlaue, der sonst nie um einen Ausweg verlegen war, Angst im Herzen trug, und hörte geduldig zu. Dann ermahnte er ihn: „Nun müßt ihr Eure Besserung durch gute Werke beweisen. Lest fleißig im Gebetbuch, geht zur Kirche, haltet die Fasten, heiligt die Feiertage. Die Kranken sollt Ihr pflegen, die Armen speisen, den Verirrten den Weg weisen. Willig müßt Ihr Almosen geben, vor allem aber müßt Ihr allen bösen Taten abschwören, Verrat, Raub und Diebstahl. Dann kann es Euch an der Gnade Gottes nicht fehlen." Reineke versprach: „Ich bin zu allem bereit und will allen Pflichten nachkommen."

Wie Reineke und Grimbart nach dem Hofe des Königs weiterziehen und an einem Kloster vorüberkommen

Nachdem Reineke Besserung gelobt hatte, wanderte er in sicherer Ruhe mit Grimbart weiter dem Königshofe zu. Sie kamen über ein weites Feld. Da lag zu rechter Hand ein Nonnenkloster. Die geistlichen Frauen dienten Gott bei Tag und Nacht. Sie hielten viele Hähne und Hennen, auch Gänse und anderes Federspiel. Oft schwärmten das Hühnervolk und die Gänse vom Klosterhof auf die anliegenden Felder. Dort pflegte ihnen Reineke aufzulauern. Der Weg führte an der Klostermauer vorbei. Reineke hatte die Hühner von ferne gesehen, und gierig zog seine feine Nase ihre Witterung ein. Seine Augen glühten vor Mordlust. Jetzt waren sie nahe an einer Schar Hühner, die ein fetter Hahn führte, der jung und stolz sich reckte. Nach dem tat Reineke einen Sprung, so daß die Federn stoben. Grimbart war sehr erschrocken: „Unseliger!" schrie er, „was wollt Ihr tun? Wollt Ihr Euch schon wieder in eine große Sünde

stürzen, wo Ihr doch soeben gebeichtet habt! Das nenne ich
mir eine schöne Reue!" Reineke erwiderte: „Bei Gott, Ihr habt
recht, es ist in Gedanken geschehen! Bittet Gott, es mir zu
vergeben, ich will es künftig gerne lassen." Sie gingen zur
Straße zurück und kamen über eine schmale Brücke. Immer
wieder mußte Reineke sich nach den fetten Hühnern umsehen;
vergebens suchte er sich zu bezwingen. Grimbart merkte die
gierigen Blicke wohl und sprach: „Wo gehen Eure unersätt-
lichen Augen hin?" Reineke aber entgegnete scheinheilig:
„Warum stört Ihr mich in meiner Andacht und unterbrecht
mich mitten im Vaterunser? Laßt mich doch für die Seelen der
armen Hühner beten und für die Seelen der Gänse, die ich
diesen heiligen Nonnen mit schlauen Listen geraubt habe!"

Als sie aber auf die rechte Straße kamen und das Schloß
des Königs in der Ferne sichtbar wurde, ließ Reineke den
Kopf hängen. Er dachte an die Ankläger, die ihm dort entgegen-
treten würden.

Wie Reineke vor dem König erscheint und von seinen Feinden hart verklagt wird

Als am Königshofe die Kunde laut wurde, daß Reineke angekommen sei, eilten alle herbei und drängten sich am Wege.
Die meisten waren über sein Kommen wenig erfreut. Fast
alle wollten wider ihn klagen. Reineke stellte sich recht sorglos.
Mit zierlichen Schritten ging er an der Seite seines Neffen
dahin, grüßte nach rechts und nach links, und winkte hierhin
und dorthin mit lächelndem Gesicht. Wie ein großmächtiger

Herr trat er mit tiefer Verneigung vor den Thron des Königs. Aber ihm bebte das Herz. Er sprach: „Großmächtiger König, ich bitte Euch sehr, mich anzuhören. Ihr habt keinen getreueren Knecht als mich. Aber viele sind da, die wollen mich Eurer Freundschaft berauben und scheuen keine Lüge. Ihr aber seid an Weisheit reich und laßt Euch durch Lug und Trug nicht berücken. Meine Feinde hassen mich, weil ich Euer Bestes will und Euch alle Zeit treu gedient habe." „Schweigt!" knurrte ihn der König an, „Euer Schmeicheln hilft Euch nicht. Ihr habt den Landfrieden gebrochen, habt geraubt und gemordet. Eure Frevel werden gerächt. Hier steht der Hahn. Ihr habt ihm alle seine Kinder geraubt, ein Räuber und Dieb seid Ihr. Und dabei rühmt Ihr Euch, Ihr liebtet und verehrtet mich. Ja, Eure treuen Dienste sieht man meinen Leuten an: Der arme Hinz verlor ein Auge, und der Bär ist schwer am Kopfe wund. Ihr habt sie geschändet. Hier sind viele Kläger, deren klare Beweise Euch an den Galgen bringen werden." Reinekes Herz bebte, aber er ließ sich nichts merken und erwiderte keck: „Herr, bin ich schuldig, weil hier Braun mit blutiger Glatze herumläuft? Was kann ich dafür, wenn er Rüstefiels Honig lecken wollte? Warum mußte er mit den Bauern anbinden? Er ist doch stark an Kräften, warum wehrte er sich nicht? Statt dessen hat er sich weggeschlichen und ist fortgeschwommen. Und Hinze? Den habe ich beherbergt und wohl empfangen. Warum ging er, obwohl ich es ihn nicht geheißen hatte, zum Stehlen ins Pfarrhaus? Der Pfarrer hat ihn mit Recht verprügelt. Warum scheltet Ihr mich? Das ist Eurer fürstlichen Ehre nicht würdig. Ihr habt die Macht, tut mit mir, was Ihr wollt. Ihr mögt mich gut oder schlecht behandeln, mich sieden, braten, hängen, köpfen oder blenden, ich bin in Euren Händen. Wir stehen alle unter Eurer Gewalt. Ihr seid stark, ich bin schwach und elend. Meine Macht ist klein, Eure groß. Ein Schwertstoß von Euch macht meinem Leben ein Ende. Aber tut, was Ihr wollt, ich will mich nicht schonen, ich will mich rechtfertigen und aufrichtig sein."

Nun aber traten seine Feinde herzu, der Widder, der Bellin hieß, Isegrim und seine ganze Sippe, Hinze der Kater und Braun der Bär. Auch Lampe der Hase und Baldewin der Esel kamen herzu. Ihnen folgten das Hündchen Wackerlos und der große Hund Rein, Hermen der Bock und Metje die Ziege, Wiesel und Eichhörnchen. Ochs und Pferd und zahlreich wilde Tiere ragten aus der Menge heraus. Man sah auch Bockert den Biber, Hirsch, Reh, Kaninchen, Marder, Wildeber und Hermelin. Berthold der Storch und Marquart der Häher nahmen auf einem Baum nahe dem Throne Platz. Lütke der Kranich gesellte sich zu ihnen. Tibbke die Ente und Alheid die Gans watschelten näher. Henning der Hahn und alle seine Kinder standen bescheiden im Hintergrunde. Ein ganzes Heer war versammelt, um gegen Reineke zu klagen. Den Tod am Galgen sollte er sterben, der schlimme Räuber.

Wie Reineke schwer verklagt wird, wie er sich verteidigt, zuletzt aber überführt und zum Tode verurteilt wird

Im weiten Halbrund standen die Tiere um den Thron. Reineke aber war allein. Erbittert und zornig schrien und redeten seine Feinde durcheinander. Da gebot der König Ruhe und befahl, daß einer nach dem andern vortreten solle und seine Klage sagen. Was für wilde Anklagen wurden da laut! Reineke hörte sie alle lächelnd an. Mit scharfem Verstande, listig und klug wußte er jedem Kläger zu begegnen. Hier keck und frech, da mit Spott und Hohn, dann wieder mit List und Spott wußte er alle Anschuldigungen zurückzuweisen. Aber die Ankläger brachten Zeugen heran, angesehene, ehrenhafte Leute. Die bezeugten laut und klar, daß Reineke schuldig sei. Zuletzt mußte er verstummen, und es klang wie ein einziger Schrei: „Reineke ist des Todes schuldig." Was halfen ihm da alle Reden, sein schlechtes Gewissen und die schweren Anklagen drückten ihn zu Boden. Der König wehrte die herandrängenden Feinde ab und gebot Ruhe. Es wurde lautlos still im Kreise. Feierlich erhob sich der König Nobel und verkündete das Urteil: Reineke ist des Todes schuldig. Man soll ihn fangen und binden und an seinem Halse aufhängen." Reineke erschrak, als hätte er einen Schlag erhalten. Er ließ sich ohne Gegenwehr fesseln.

Wie Reineke zum Galgen geführt wird und seine Freunde den Hof des Königs verlassen

Reinekes Freunde hatten am königlichen Gericht nicht teilgenommen. Als sie hörten, daß Reineke zum Tode verurteilt war, gefangen und gebunden, waren sie sehr niedergeschlagen und betrübt, denn Reineke war ihr Bannerherr und Führer. Den hatte man nun für ehrlos erklärt und wollte ihn einem schmachvollen Tode überliefern. Sie beschlossen, sogleich den Hof des Königs zu verlassen. Ernst und gemessen traten sie vor den König, verneigten sich höflichst und baten um Urlaub.

Stattlich stand die Schar da, Martin der Affe und Grimbart mit seiner ganzen Sippe. Den König betrübte es sehr, daß ihn alle diese ehrenwerten Männer verlassen wollten. Aber er wußte ihnen nichts zu sagen und nickte stummes Gewähren. Als sie gegangen waren, sprach er zu einem seiner Räte: „Dieser Reineke wird mir sehr teuer. Unter seiner Verwandtschaft ist mancher tüchtige Mann, den ich schwer entbehren werde."

Reineke aber saß im Gefängnis, mit starken Stricken gebunden. Isegrim und Hinze und Braun hüteten ihn mit Fleiß, denn so hatte es ihnen der König befohlen. Aber sie taten es gern, denn es bereitete ihnen Freude, Reineke zu verspotten. „Nun wirst du gehangen", höhnten sie. Sie führten ihn hinaus, und man sah schon den Galgen von fern. Da sprach der Kater zum Wolf: „Herr Isegrim, denkt daran, wie Reineke Eure beiden Brüder an den Galgen gebracht hat und wie er sich nicht einmal Mühe gab, seine Freude über ihren Tod zu verbergen. Jetzt bezahlt ihn mit der gleichen Münze. Und Euch, Braun, verriet er, so daß Euch bei Rüstefiels Haus Haupt und Leib blutig geschlagen wurde. Achtet auf den Listigen, daß er uns nicht entwischt. Käme er dieses Mal los, wir würden ihn nimmermehr fangen." Isegrim antwortete: „Mit Worten können wir uns nicht rächen. Hätten wir nur einen Strick, dann wäre unsere Rache bald gekühlt." Da höhnte Reineke: „Ich weiß dir einen Strick für mich, Hinze. Lauf nur ins Pfarrhaus, da findest du einen, den du recht gut kennst!"

Der König und die Königin und das ganze Gefolge war schon am Galgen versammelt. Alle wollten sehen, wie Reineke am Strick baumelte. Reineke stand unter dem waagerechten Ast der Eiche, der als Galgen dienen sollte. Er ließ den Kopf hängen und wagte niemand anzusehen. Isegrim sprach in großem Eifer: „Haltet Reineke fest, bewacht ihn gut, damit er nicht entwischt!" Seinem Weibe befahl er: „Bei deinem Leben beschwöre ich dich, hilf mir den Bösewicht halten. Käme er los, er würde uns noch ärger kränken als bisher und nur auf unsere Schande denken." Zu Braun aber sagte er: „Denkt daran, welche Schmach er Euch angetan hat und rächt Euch jetzt nach Kräften." Dann wandte er sich an Hinze: „Ich will die Leiter anstellen. Klettert Ihr hinauf, Ihr seid behender als wir, und leget den Strick um den Ast." Braun wurde von dem Eifer Isegrims angesteckt: „Setzt schnell die Leiter an, meinen starken Händen soll der Dieb und Mörder nicht entrinnen." Reineke machte Braun bittere Vorwürfe: „Es ist eine Schande, daß Ihr mich, Euren Verwandten, zu Tode bringen wollt. Weit eher wäre es Eure Pflicht, mich zu beschirmen und mich nicht eines so schändlichen Todes sterben zu lassen. Ihr wißt, daß Isegrim mich haßt. Er hat sogar seinem Weibe befohlen, ihm zu helfen. Und doch weiß er, daß Gieremund mich einmal liebgehabt hat. Ich wollte, es wäre schon vorbei. Mein Vater starb denselben schmählichen Tod, aber seine Peiniger haben ihn wenigstens nicht so lange gequält. Schande über Euch!" Braun aber lachte: „Hört, wie er uns flucht! Sein Witz ist zu Ende."

Wie Reineke seine Sünden öffentlich bekennt und sich vom Galgen loslügt

Reineke stand in großer Angst unter den schwatzenden und höhnenden Feinden. In seinem Kopf jagte ein Gedanke den andern. „Wenn ich doch einen Ausweg fände", dachte er, „daß der König mich begnadigen müßte, und diese drei Lumpen an meiner Stelle den Galgen zierten." Zwar wollte ihm schier der Mut sinken, aber er sprach zu sich selbst: „Ich will nicht an den Galgen, ich will nicht! Ich will ihnen doch ein Schnippchen schlagen! Käme ich nur zu Worte, so wäre vielleicht Hoffnung!"

Unterdessen hatte Hinze den Strick am Ast festgemacht, und der Wolf zerrte Reineke die Leiter hinauf. Als er oben stand, sah er unter sich den großen Kreis der Tiere, und es war eine große Stille. Alle blickten zu ihm empor. Da sprach er: „Ihr Herren, ich sehe den Tod vor mir, und ich kann ihm nicht entgehen. Deshalb gewährt mir eine letzte Bitte. Fleht den König an, daß ich öffentlich beichten darf. Meiner Untaten sind so viel, daß vielleicht andere für mich leiden müssen. Aber es soll kein Unschuldiger durch mich in Not kommen." Die Tiere sahen, wie Reineke zitterte. Sie waren gerührt durch seine Worte und sprachen untereinander: „Das ist eine kleine Bitte, man soll sie gewähren." Der König blickte um sich und sah die allgemeine Bewegung. Da nickte er und sprach: „Es sei, rede, befreie dein Gewissen!" Da wurde es Reineke leichter und er sprach: „Gott helfe mir. Wenn ich mich um-schaue, sehe ich niemanden, den ich nicht einmal gekränkt habe. Ich war noch ein kleiner Schlingel, kaum der Mutterbrust entwöhnt, da erwachte schon in mir die Mordlust. Ich beschlich die jungen Lämmer der Schafe und Ziegen, wenn sie im Früh-

ling auf der Wiese spielten. Mit großer Lust hörte ich ihr helles Meckern. Eins von ihnen, das nahe an mein Versteck kam, biß ich tot und sog ihm das süße Blut aus. Das schmeckte so köstlich und gut, daß ich mitten unter die Lämmer sprang und vier von ihnen niederriß. Von der Zeit an wurde ich täglich dreister und kühner. Kein Vogel, kein Huhn, nicht Ente noch Gans war sicher vor mir. Ich mordete, was ich erreichen konnte. Aus reiner Mordlust tötete ich. Was ich nicht genießen konnte, verscharrte ich im Sand.

In einem Winter traf ich Isegrim am Rhein. Er lauerte im Weidengebüsch. Freundlich begrüßte er mich als seinen Onkel. Als ich abwehrte, erklärte er mir die Verwandtschaft. Da mußte ich ihn wohl zum Gefährten wählen. Wir gelobten uns Treue, wollten miteinander wandern und Beute machen. Er stahl das Große und ich das Kleine. Die Beute sollte gemeinschaftlich verzehrt werden. Aber nie bekam ich die Hälfte, immer nahm Isegrim den größeren Teil. Was wir auch erbeuteten, Kalb, Bock, Widder oder Lamm, immer fraß sich Isegrim zuerst satt. Mich knurrte er an und jagte mich fort. Und wenn wir große Beute machten, einen Ochsen oder eine Kuh, dann rief er seine ganze Sippe heran, und von der ganzen Mahlzeit blieben mir die abgenagten Knochen. Trotzdem litt ich nicht Not, denn ich besaß einen großen Schatz, einen gold- und silberreichen Hort. Sieben Wagen brächten ihn schwerlich fort." Als der König von dem Schatz vernahm, horchte er auf und alle Tiere blickten gespannt zu Reineke empor. Der König fragte: „Woher hattet Ihr den Schatz? Das will ich wissen!" Reineke erwiderte gleichgültig: „Warum soll ich's Euch nicht sagen, kann ich ihn doch nicht mit ins Grab nehmen. Wißt also, der Schatz war gestohlen. Er war bestimmt, Eure Mörder zu bezahlen. Wäre der Schatz nicht geraubt worden, Ihr säßet jetzt nicht vor mir. Für Eure Rettung habe ich meinen Vater geopfert."

Wie der König Schweigen gebietet und Reineke von der Leiter herabsteigen läßt, um ihn besser fragen zu können

Als die Königin von dem geplanten Mord an ihrem Gemahl vernahm, erschrak sie zu Tode und wurde kreidebleich. Sie rief zu Reineke hinauf: „Reineke, Ihr steht vor dem Tode, sprecht die Wahrheit! Wie war es mit dem Mord?" Auch die Tiere waren unruhig geworden und sprachen und schrien durcheinander. Der König sprang auf und rief mit machtvoller Stimme: „Ich heiße Euch schweigen! Reineke soll herniedersteigen, damit ich ihn besser verstehen kann. Diese Sache geht m i c h an!" Da wurde Reineke froh. Wie zornig ihn seine Feinde auch ansahen, sie mußten ihn von der Leiter heruntersteigen lassen. König und Königin nahmen ihn zwischen sich und führten ihn beiseite. Die Tiere machten scheu und neugierig Platz. Reineke hatte seine Fassung wiedergefunden und dachte: „Gelingt es mir, die Gnade des Königs und der Königin aufs neue zu gewinnen, so werde ich alle verderben, die meinen Tod wollen. Aber geschickt und klug muß ich lügen!"

Wie Reineke sich herauslügt und seinen Vater und seine Freunde beschuldigt, um Glauben zu finden

Eifrig begann die Königin: „Reineke, sag uns die ganze Wahrheit, bei deiner Seele Seligkeit!" Reineke erwiderte demütig: „Ich habe mit dem Leben abgeschlossen. Warum soll ich mich mit einer neuen Lüge und Schuld beladen? Ich fürchte mich vor der Hölle und will nicht ewig im Höllenfeuer brennen. Nein, ich will Euch alles bekennen, selbst wenn ich meine besten Freunde beschuldigen muß." Dem König wurde das Herz schwer. Ganz niedergeschlagen fragte er: „Reineke, sprichst du auch die reine Wahrheit?" Reineke beteuerte: „Ich stehe vor dem sicheren Tode. Oben auf der Leiter hatte ich ihn ganz nahe vor mir. Warum soll ich mich selbst ins Höllenfeuer bringen?" Reineke zitterte am ganzen Leibe und heuchelte den erbärmlichen Sünder, der von Gewissensqualen und Todesangst gefoltert wird. Die Königin hatte Mitleid mit Reineke: „Reinekes Not erbarmt mich sehr, darum bitte ich Euch, lieber König, seid gnädig mit ihm. Laßt ihn hier alles sagen und heißt vor allem die Tiere schweigen." Diese hatten sich wieder herangedrängt, und viele Stimmen schwirrten durcheinander. Der König winkte und gebot erneut Ruhe. Da wichen sie zurück und schwiegen still. Reineke wurde es leichter: „Ich will alles sagen und niemand schonen." Nun hub er eine lange Erzählung an, in der niemand geschont wurde, weder sein toter Vater noch der Dachs, sein liebster Freund, der ihm in allen Nöten beigestanden hatte. Er wußte, nur so fände er Glauben beim König und der Königin, und vielleicht konnte er auch damit seine Feinde anschwärzen. Er erzählte: „Mein Vater hatte den Schatz des mächtigen Königs Ermenrich gefunden. An einem ganz abgelegenen Platze war er verborgen. Da wurde mein Vater stolz und voll Übermut und verachtete alle Tiere, die früher seine Gesellen waren. Er bewegte große Pläne in seinem Kopfe. Hinze den Kater ließ er ins wilde Land der Ardennen reisen. Dort war Brauns Jagdgebiet. Er ließ ihm als König huldigen und einladen, nach Flandern zur Krönung zu kommen. Braun ließ sich den Brief meines Vaters vorlesen, denn er selbst hatte die Kunst des Lesens nicht erlernt. Die Kunde machte ihn fröhlich und mutig, denn er hatte schon längst nach der Königskrone geschielt. Ungesäumt zog er mit Hinze nach Flandern, wo ihn mein Vater mit großen Ehren empfing. Gleich wurden Gesandte zu Grimbart, unserm weisen Verwandten, und zu Isegrim geschickt. Beide kamen sofort, und die vier Verschwörer, zu denen sich auch Hinze der Kater gesellte, verhandelten lange bei dem Dorfe Ifte, das in der Nähe von Gent gelegen ist. In einer düsteren, stürmischen Nacht kam endlich die Verschwörung zustande. Nicht Gott, sondern der Teufel hat ihnen beigestanden. Die Verschwörer wurden durch meines Vaters Gold gelockt. Und dies war der Inhalt ihres Schwurs: Der König sollte sterben und den Bären wolle man zum Könige wählen und ihm in Aachen die goldene Krone aufs Haupt setzen. Wer sich widersetze, solle verjagt oder getötet werden. Meines Vaters Gold aber war bestimmt, Freunde zu werben. Sie schwuren alle zur gleichen Zeit auf Isegrims Haupt diesen Eid. Von dem Tage hub ein geschäftiges Treiben an. Boten kamen und gingen, geheime Besprechungen fanden statt, Briefe kamen an und wurden abgesandt, blitzendes Gold verwirrte die Köpfe und beschwichtigte die Gewissen. Ich ahnte von nichts, bis einst in früher Morgenstunde Grimbart schwatzte. In einer nächtlichen Zusammenkunft hatte er zu sehr dem Wein zugesprochen, er war fröhlich und geschwätzig. Da verriet er seinem Weibe den ganzen Plan und gebot ihr strengstes Schweigen. Kaum aber traf Frau Grimbart mein Weib, als sie auch schon alles ausplauderte. Im Namen der drei heiligen Könige, bei Ehre und Seligkeit gebot sie meinem Weibe zu schweigen. Kaum aber hatte mein Weib in meinem Hause die Tür hinter sich zugemacht, als sie mir schon alles verriet. Die Angaben waren so bestimmt, daß ich an der Wahrheit der Kunde nicht zweifeln konnte, aber ich war sehr verwundert. Mir fielen die Frösche ein, die einstmals vom lieben Gott einen König verlangten. Da sandte ihnen Gott den Storch, der sie seitdem bitter haßt und verfolgt. Wie oft haben sie seitdem ihre Bitte um einen König bereut. Hätte man Braun zum König gemacht, er wäre nicht besser geworden, denn er ist böse und tückisch, voller Laster und übler Laune. Wie kann man einen Bauern aus niederem Geschlecht, einen Fresser wie Braun, zu so hoher Würde bringen. Unser König ist hoch geboren, mächtig und großmütig, gütig und allen Tieren gnädig." Die Tiere drängten sich herzu und umstanden in dichtem Kreis Reineke und das Königspaar. Gespannt horchten sie auf Reinekes Erzählung. Reineke fuhr fort: „Wochenlang habe ich dem Treiben der Verschwörer zugesehen, denn ich wußte keinen Rat. Eins nur war mir klar, verfügte mein Vater weiterhin über so große Schätze, so konnte er viele Tiere auf seine Seite bringen und sein Ziel, den Tod des Königs, endlich erreichen. Deshalb suchte ich zu erforschen, wo der Schatz versteckt sein könne, damit ich ihn beiseite brächte. Aber mein Vater war ein alter, schlauer Mann, und wo ich ihn auch beschlich, im Felde oder im tiefen Tann, bei Tag oder bei Nacht, in Hitze oder Kälte, bei Regen oder bei Sonnenschein, immer wußte er mir auszuweichen, und lange Zeit entdeckte ich nichts.

Einstmals lag ich wieder auf der Lauer. Ich hatte mich ganz in die Erde eingegraben, nur meine Augen und meine

Nase waren frei. Da sah ich meinen Vater aus einer Felsspalte hervorkommen, die tief in den Berg hineinging. Mein Vater ahnte nicht meine Nähe. Er spähte ringsumher, lief hierhin und dorthin, um lauernde Späher zu entdecken. Aber er fand nichts, es war alles ruhig und still. Da verstopfte er den Felsspalt mit Sand und ebnete alles ein. Die Spuren seiner Füße verwischte er mit seinem buschigen Schwanz. Sofort war mir klar, daß in der Felsspalte der Schatz verborgen sei. Ungesäumt ging ich ans Werk und kratzte mit meinen Füßen den Sand fort. Wie waren meine Augen geblendet von dem Glitzern und Gleißen des Silbers und Goldes und der Edelsteine. Niemand ist hier unter uns, der soviel Kostbarkeiten je beisammen gesehen hat. Schleunigst holte ich mein Weib, Frau Ermelein, herbei. Wir schleppten und trugen Tag und Nacht, ohne Karren und Wagen, nur mit unseren Händen brachten wir den reichen Schatz an einen anderen Ort. Harte Plage und Arbeit war es. Mein Vater verkehrte derweil mit den Verrätern. Als der Schatz geborgen war, konnte ich ihnen wieder nachspüren. Immer neue Briefe sandten Braun und Isegrim aus. Hohen Lohn boten sie aus, wenn man Braun zum König wählen werde. Meist war mein Vater selbst der Bote, und während er Briefe in die Länder trug, ahnte er nicht, daß ihm sein Schatz genommen war. Nicht ein Pfennig war ihm geblieben. Unterdessen war es Sommer geworden. Mit Mühe und Not hatte mein Vater alle Lande zwischen Elbe und Rhein durchlaufen und manchen Söldner gegen hohen Lohn für Braun gewonnen. Als er zu Braun und seinen Gesellen heimkehrte, konnte er ihnen von mancher Not und Angst erzählen. Besonders im Sachsenlande hatte er manches Mal in Lebensgefahr geschwebt. Hohe Burgen sind dort, und die Jäger ritten mit ihren Hunden Tag für Tag auf die Jagd. Häufig konnte er ihnen nur mit Mühe entrinnen. Aber er brachte Braun gute Botschaft. Allein von Isegrims Freunden stellten sich fünfhundert Kämpen, sämtlich mit scharfen Zähnen bewehrt, Braun zur Verfügung. Dazu kamen die Kater und Bären, die Braun beistehen wollten. Alle Vielfraße und Dachse im Lande Thüringen und Sachsen hatten geschworen, Braun zu Hilfe zu kommen. Blieb das Gold in meines Vaters Händen, so wäre der schlimme Plan gelungen. Da ging mein Vater hin, um seinen Schatz zu betrachten, aber wie erschrak er, er fand nicht einen Heller mehr. Zuerst saß er tiefsinnig vor dem leeren Felsspalt, dann raste er wie irrsinnig im Kreise, dann fuhr er in den Spalt und wieder heraus, wohl zwanzigmal, dann suchte er die ganze Umgebung ab, alles vergeblich, der Schatz war fort. Zuletzt fand er einen Strick und hing sich am nächsten Baum auf. Als die Verschwörer seinen Leichnam fanden und entdeckten, daß der Schatz fort war, da liefen sie in alle Welt hinaus. Heute aber sitzen die Verräter in der nächsten Umgebung des Königs, und mir, dem armen Reineke, weiß niemand Dank. Ich habe meinen Vater dem Könige geopfert. Wo ist der, der für den Herrscher das gleiche geleistet hätte?"

Ernst hatte der König Reinekes Bericht angehört. Er dachte nur an eines, an den Schatz. Wie konnte er Reineke bewegen, ihm den Ort zu verraten? Die Königin hatte dieselben Gedanken. Der König winkte die Tiere zurück und führte Reineke weiter abseits. Der König und die Königin sprachen gleichzeitig auf Reineke ein: „Gebt uns Bescheid, wo der Schatz geblieben ist." Reineke antwortete abweisend: „Wie könnte es mir einfallen, Euch den Schatz zu entdecken, und Ihr ließt mich hernach hängen! Ihr glaubt den Dieben und Mördern, die mir mit Lügen nach dem Leben trachten!" Die Königin erwiderte eilig: „Nein, das soll nicht geschehen, der König soll Euch leben lassen und wird Euch Gnade gewähren. Er wird Euch hold sein, wenn Ihr Euch in Zukunft klüger benehmt, daß er Euch vertrauen kann." Die Worte der Königin gaben Reineke Mut und Selbstvertrauen zurück. Er sprach bedächtig: „Meine liebe Frau Königin, wenn mir der König vor Euch geloben will, mir wieder gnädig zu sein, seinen Zorn zu lassen und mir alle Sünde und Schuld zu vergeben, so will ich ihn so reich machen, wie es keinen König auf der ganzen Welt gibt. Dann soll er sogleich den Ort des Schatzes erfahren." Der König aber blieb mißtrauisch und warnte die Königin: „Trau ihm nicht! Lügen, Stehlen und Rauben, darin könnt Ihr Euch auf ihn verlassen, aber seine Worte sind falsch." Die Königin verteidigte ihn: „Wohl steckt Reineke voll von Listen und Ränken, ich weiß es, aber wie könnte er den Dachs, seinen Neffen und seinen eigenen Vater schwerster Verbrechen beschuldigen, trüge er jetzt Falschheit im Sinne. Ich glaube an ihn, er wird Euch nicht mehr untreu sein." Da gab der König nach: „Ihr habt mich überzeugt. Reinekens Schuld ist sicher sehr groß, aber ich will sie ihm nachsehen, damit wir nicht größeren Schaden erleiden. Noch einmal will ich Reinekens Worten trauen; aber bei meiner Krone schwöre ich es laut: Bricht er wieder den Frieden, dann hat er keine Schonung zu erwarten. Bis zum zehnten Gliede werde ich seine Verwandten strafen. Ein neuer Wortbruch bedeutet einen Krieg, der nimmer endet." Als Reineke die Umwandlung des Königs bemerkte, verlor er die letzte Furcht und sprach listig: „Herr König, ich wäre töricht, spräche ich jetzt auch nur ein Wort, das ich nicht sofort beweisen könnte." Der König war nun vollkommen überzeugt. Er reichte Reineke die Hand und vergab ihm alle Übeltaten. Da wurde Reineke über alle Maßen froh. Noch nie hatte er sich in solcher Not befunden.

Er sprach: „O König, möge Euch und Eurem Geschlecht Gott Eure Gnade belohnen, und möge Euch und der Königin Gott gnädig sein! Mein Dank aber, der Euch gebührt, sei Euch durch meinen Schatz dargebracht. Niemand in allen Landen und Reichen, kein Mensch unter dem Sternenheere, ist des Schatzes so würdig wie Ihr. Euch übertrage ich, was König Ermenrich besaß. Ich sage Euch den Ort des Schatzes: Im Osten von

Flandern, da ist ein großes, wüstes Land. Dort gibt es einen Busch, Husterloh geheißen. Da liegt ein Brunnen, Krekelpütz genannt, den müßt Ihr Euch merken, gnädiger Herr. Er liegt ganz nahe bei Husterloh, dem Busche. Die Gegend ist einsam, eine große Wildnis. Nur Eule und Uhu wohnen dort. Dort ist der Schatz vergraben. Wenn Ihr an Krekelpütz vorüber seid, werdet Ihr zwei junge Birken erreichen, die dicht neben dem Brunnen stehen. Unter ihnen ist der Schatz verborgen. Meine Frau soll Euch dorthin begleiten, denn ich wüßte sonst niemand, dem ich ganz vertrauen könnte. Sie wird Euch die Birken zeigen, Ihr müßt das Erdreich wegkratzen und -scharren. Zuerst findet Ihr ein wenig Moos, dann aber blitzen Euch Gold und Geschmeide entgegen. Ihr werdet auch die Krone König Ermenrichs finden, die die Verräter Braun aufsetzen wollten. Es ist ein Prachtstück, aus Gold getrieben und mit wertvollen Steinen besetzt. Auf viele tausend Mark schätzt man ihren Wert. Wenn Ihr diesen Schatz vor Euch seht, dann werdet Ihr an mich denken und mir die Ehre geben, die mir gebührt."

Nun geriet auch der König in Eifer und drängte Reineke: „Hört mich, Reinhart, Ihr müßt mit auf diese Fahrt! Ich werde den Schatz allein nicht finden, denn ich kenne den Ort nicht. Wohl habe ich von Aachen vernommen, auch von Lübeck und Köln und Paris; aber wo Husterloh und Krekelpütz sei, davon wurde mir noch nie Kunde. Ich fürchte, diese Namen sind nur erfunden." Reineke vernahm von dem Mißtrauen des Königs nicht gern. Er sprach mit Nachdruck: „Herr, ich erzähle Euch doch nicht vom fernen Morgenlande, wo der Jordan rinnt, sondern von Flandern, das ganz in der Nähe ist. Ich wiederhole Euch: Krekelpütz bei Husterloh heißt es und nicht anders. Ich will Euch jeden Zeugen bringen, die Euch genau dasselbe sagen." Er rief Lampe den Hasen heran, der vorwitzig einige Schritte vor der Reihe der Tiere stand. Der erschrak gewaltig, machte einen Satz rückwärts, um sich hinter den großen Tieren zu verbergen. Reinekens Stimme aber klang so freundlich, daß er herankam. Reineke sprach: „Lampe, Ihr braucht keine Angst zu haben, der König will Euch sprechen. Unter Eurem Eide, sprecht, was Ihr von Husterloh wißt und von Krekelpütz im weiten, wüsten Revier!"

Lampe antwortete: „Ja, Krekelpütz liegt bei Husterloh. Das ist ein Busch, den man so nennt. Dort hielt sich der krumme Simonet verborgen, um ungestört seine falschen Goldmünzen schlagen zu können. Ich bin häufig dort gewesen, habe unter Hunger und Kälte gelitten und war in steter Angst vor Rein dem Hunde, der mich jagte." Reineke unterbrach ihn rasch und sagte: „Es ist gut, Lampe, ich danke dir, der König weiß jetzt genug." Der König entschuldigte sich bei Reineke: „Verzeiht mein übereiltes Wort. Ich sehe, Ihr habt die Wahrheit gesprochen. Nun aber sorgt, daß Ihr mich zu dem Ort hinbringt." Reineke sagte entschuldigend: „Wie gerne würde ich mit Euch ziehen, aber ich darf nicht. Doch ich schäme mich, Euch die Ursache zu gestehen. Isegrim trat vor langen Jahren in einen Mönchsorden ein. Aber der Fresser wurde dort nicht satt. In kläglicher Verfassung kam er zu mir, jammerte und stöhnte. Alle Knochen standen ihm heraus, jede Rippe konnte man an seinem Leibe zählen. Da riet ich ihm als meinem Schwager und half ihm, daß er entfliehen konnte. Dafür aber hat mich des Papstes Bann getroffen. Der drückt mich sehr, und ich will mit Eurer Erlaubnis morgen eine Reise nach Rom antreten, um mich vom Banne zu lösen. Dann aber möchte ich übers Meer nach Jerusalem fahren, damit ich nach meiner Rückkehr mich überall in Ehren wieder sehen lassen darf. Und noch eines bedenkt: Ginge ich jetzt mit Euch, so spräche jeder: ‚Seht nur, wie wetterwendisch der König ist! Jüngst wollte er ihn hängen lassen, und jetzt sieht man ihn nur noch mit ihm zusammen!'" Der König nickte nachdenklich: „Ihr habt recht, es stünde mir schlecht an, wenn ich Euch mit mir gehen ließe. Ich will Lampe oder einen anderen mit nach Krekelpütz nehmen. Ihr aber sollt in Gottes Namen Eure Reise nach Rom und Jerusalem antreten. Gott helfe Euch, Eure Sünden zu büßen und ohne Schuld zu mir zurückzukehren."

Wie der König Reineke öffentlich Verzeihung gewährt und gebietet, ihn und die Seinen in Ehren zu halten

Der König begab sich mit der Königin zum Thron zurück. Reineke stand neben der Königin auf den obersten Stufen des Thrones. Die Tiere ordneten sich in großem Halbkreis. Feierlich erhob sich der König und winkte Schweigen: „Ich gebiete Ruhe! Hört alle, Tiere und Vögel, arm und reich, ihr Kleinen und ihr Großen, alle meine Vasallen und Untertanen: Hier steht Reineke vor euch. Heute morgen drohte ihm der Strick. Inzwischen aber hat er bewiesen, daß er Ehre verdient und meine Gnade. Auch die Königin, meine Gemahlin, hat für ihn gebetet. So bin ich sein Freund geworden und habe mich mit ihm versöhnt. Ich gebe ihn frei und setze ihn wieder in seinen Besitz ein. Euch aber gebiete ich bei Leib und Leben, daß ihr Reineke und seinem Weib und seinen Kindern alle Ehre erweist, bei Nacht und auch bei Tage. Keiner Klage über Reineke werde ich künftig mein Ohr leihen. Hat er früher gesündigt, so will er sich von jetzt an bessern. Morgen früh nimmt er Stab und Felleisen, um nach Rom zu wandern. Von da wird er übers Meer nach Jerusalem fahren, bis er alle Sünden abgebüßt hat."

Unter den Tieren entstand große Bewegung. Es bildeten sich Gruppen, die eifrig durcheinandersprachen. Hinze, Braun und Isegrim steckten die Köpfe zusammen. Der Kater schäumte vor Wut: „Ich wollte, ich wäre am Ende der Welt! Nun ist Reineke wieder in Gnaden angenommen, mit List und Kunst wird er uns dreien zu schaden suchen und uns noch mehr schänden, als es bisher geschehen ist! Auf einem Auge bin ich schon blind, jetzt kommt das andere daran!" Braun knurrte verdrießlich: „Hier ist guter Rat teuer." Isegrim aber meinte: „Ich begreife nicht, wie das geschehen konnte. Kommt, laßt uns zum König gehen und noch einmal mit ihm reden." Sie drängten sich an die Königin heran, achteten aber nicht darauf, daß Reineke in der Nähe stand, und versuchten, gegen Reineke zu sprechen. Der König aber sprang auf und schrie sie zornig an: „Habt ihr's nicht gehört, daß ich Reineke wieder in Gnaden aufgenommen habe!" Er winkte die Häscher heran, die mußten Braun und Isegrim binden und ins Gefängnis führen. Der König blickte ihnen nach und dachte daran, was ihm Reineke von ihrer Verräterei berichtet hatte. Reineke aber wandte sich an die Königin und bat: „Laßt mir von Brauns Rücken ein Stück Fell zum Ränzel abschneiden, einen Fuß lang und einen Fuß breit. Auch ein Paar Schuhe fehlen mir, denn ich bin ein armer Pilgrim. Isegrim aber hat vier Schuhe, die sind stark und fest. Zwei davon kann er mir wohl überlassen. Die andern beiden Schuhe aber kann Frau Gieremund entbehren. Sie wird doch zu Hause bleiben müssen." Die Königin versprach bereitwilligst, alle Wünsche Reinekens zu erfüllen: „Und wenn es ihnen Leib und Leben kostet,

Isegrim und sein Weib werden zwei Schuhe hergeben müssen."
Reineke aber dankte der Königin mit viel Demut und Höflich-
keit: „Gott wird Euch lohnen für Eure Güte. Es ist des Pilgers
Pflicht, für alle zu beten, die ihm Gutes getan haben."

So wurden Isegrim die Schuhe von beiden Vorderfüßen
abgezogen und seinem Weibe Gieremund die Schuhe von
den Hinterfüßen. Die Haut ging mit den Klauen ab. Braun
aber verlor ein gutes Stück Pelz aus seinem Rücken. Die Ge-
schundenen jammerten, stöhnten und winselten, aber Reineke
stand hohnlächelnd dabei. Als er die Schuhe in den Händen
hatte, trat er frech vor die Wölfin und verspottete sie: „Ihr
habt Euch viel Mühe um mich gegeben. Dafür habe ich mich
gerächt. Ihr seid mir liebe Verwandte, darum trage ich auch
Eure Schuhe und will Verdienste darin erwerben. Euch soll
ein redlich Teil davon werden." Frau Gieremund konnte vor
Schmerzen kaum antworten: „Ach, Reineke, jetzt seid Ihr der
Sieger, aber Gott wird uns rächen." Isegrim aber lag und
schwieg ganz stille, er war vor Schmerzen fast ohnmächtig.
Auch Braun konnte kein Wort sagen, er stöhnte nur. Der
Fuchs aber dachte: „Schade, daß Hinze der Kater entwischt ist,
ihn würde ich gern in gleicher Weise schänden."

Wie Reineke Urlaub nimmt und von Hofe scheidet und tut, als gehe er auf die Pilgerschaft, und wie ihm der Widder den Stab gibt und das Ränzel umhängt

Am andern Morgen, die Sonne war noch nicht aufgegangen, stand Reineke vor dem Tor des königlichen Schlosses. An den Füßen trug er die Schuhe, die Isegrim ihm gestern hatte abtreten müssen. Sie waren gut geschmiert. Reineke betrachtete sie mit grimmigem Lächeln. Dann trat er stolz in den Palast ein. Der König empfing ihn freundlich. Reineke verneigte sich höflich und stolz vor des Königs Herrlichkeit und sprach: „Herr, Euer Knecht ist zur heiligen Pilgerfahrt bereit. Ich bitte um den Segen Eurer Priester, damit mit Gottes Gnade die Pilgerschaft gelingt." Da ließ der König den Widder Bellin rufen. Der war Kanzler und auch Kaplan. Er kam eilig, und der König sprach zu ihm: „Hier steht Reineke, zur Pilgerfahrt bereit. Sprecht den Segen über ihn, tut ihm das Ränzel um und reicht ihm den Pilgerstab." Bellin aber weigerte sich: „Herr, ist Euch nicht bekannt, daß Reineke unter dem Bannfluch des Papstes steht?" Der König aber sagte unwirsch: „Ihr hört ja, Reineke will nach Rom, er will sich bessern, warum wollt Ihr ihn hindern?" Da hieß Bellin Reineke niederknien und sprach über ihn den Segen. Dann hing er ihm das Ränzel um und überreichte ihm den Pilgerstab. Reineke lachte im Stillen über die Feierlichkeit, aber sein Gesicht war fromm und demütig. Er heuchelte bitterste Reue über seine Sünden und ließ dicke Tränen über seine Backen rollen und in den Bart fließen. In Wirklichkeit trug er Grimm im Herzen gegen Isegrim und Braun und hoffte im Stillen, sie künftig an den Galgen bringen zu können. Dann verabschiedete er sich eilig und eilte rasch von dannen. Der König wollte ihn noch zurückhalten und

sprach: „Es schmerzt mich sehr, Reineke, daß Ihr so eilig seid."
Reineke aber erwiderte: „Nein, es ist Zeit, wer Gutes will,
der soll nicht zögern. Gebt mir Urlaub und laßt mich gehen."
Inzwischen hatte sich der ganze Hof versammelt, Freunde und
Feinde durcheinander. Reineke klopfte das Herz, denn sein
Gewissen drückte ihn sehr. Er dachte: „Wie leicht könnte sich
mein Geschick nochmals wenden." Er fühlte den Strick wieder
am Halse. Der König gebot dem ganzen Hofe, ihn ein Stück zu
begleiten. Nur Braun und Isegrim blieben im Kerker zurück.

Der lange Zug bewegte sich auf die Landstraße zu, der König
mit Reineke an der Spitze. Am Kreuzweg blieb der König
stehen und reichte Reineke die Hand. Reineke sprach: „Gnädiger König, laßt die Gefangenen gut bewachen, damit sie nicht
aus dem Kerker entspringen. Kämen sie los, es wäre eine
Schande. Keine größeren Schurken gibt es als Braun und
Isegrim. Sie würden nicht zögern, Euch das Leben zu nehmen."

Der König wandte sich um und ging zum Schlosse zurück. Die Tiere folgten ihm. Reineke gebärdete sich so harmvoll, daß manches gute Herz Mitleid mit ihm hatte. Zuletzt standen noch Lampe und Bellin bei ihm. Mit bewegter Stimme sprach Reineke zu dem Hasen: „O Lampe, sollen wir nun voneinander scheiden? Begleitet mich noch weiter, ihr lieben Freunde! Ihr habt mir nie etwas zuleide getan. Ihr seid gute Leute, lebt ebenso wie ich gelebt, als ich ein Klausner war. Ihr nährt euch von Laub und Gras und fragt nichts nach Fleisch und Brot und anderen leckeren Speisen." Durch solche Lobreden betörte Reineke die beiden so sehr, daß sie mit ihm gingen. Unterwegs wußte er soviel zu erzählen, bis sie unversehens vor dem Schloß Marlepartus standen.

Wie Reineke den Hasen umbringt und seinem Weibe erzählt, wie er frei geworden ist

Als Reineke vor seiner Feste stand, sprach er zu dem Widder: „Bellin, bleibt hier draußen stehen. Lampe geht mit mir hinein. Er soll meine Frau trösten, die sicher durch die Kunde betrübt ist, daß ich auf die Wallfahrt gehe." Seine Worte klangen so lieb und herzlich, daß Lampe mit hineinging und Bellin unbedenklich draußen blieb. Frau Ermelein lag in schweren Sorgen auf ihrem Lager, ihre beiden kleinen Jungen an sich geschmiegt. Sie hoffte nicht auf die Rückkehr ihres Gemahls. Als sie Reineke erblickte, fuhr sie freudig auf, und Reinhart und Rossel, seine beiden Kinder, eilten auf ihn zu und hingen sich an ihn. Dann aber sah sie, wie ihn das Ränzel schmückte und Schuh und Wanderstab nach der Weise der

Pilger. Darüber wunderte sie sich und sprach: „O Reinhart, wie ist's Euch auf der Fahrt ergangen?" Er antwortete: „Ich lag am Hofe gefangen, aber der König hat mich freigelassen. Braun und Isegrim sind Bürgen für mich geworden. Ich gehe als Pilgrim nach Rom und übers Meer nach Jerusalem. Freue dich, der König hat uns Lampe den Hasen zur Sühne gegeben. Sein Leben steht in unserer Hand, denn der König hat es mir selbst gesagt, daß es Lampe war, der uns verriet. Ich habe großen Zorn auf Lampe, und er soll seinen Verrat büßen." Als Lampe diese Worte hörte, erschrak er sehr und wollte fliehen. Reineke aber stand zwischen ihm und der Tür und griff ihm wie ein Mörder an die Kehle. Da begann Lampe gräßlich zu schreien: „Zu Hilfe, Bellin, Reineke will mich töten!" Lampes Todesschrei gellte, da biß ihm Reineke rasch die Kehle durch. Frau Ermelein und die Kinder sprangen herzu und leckten das Blut. Reineke aber sprach hastig: „Nun laßt uns essen, der Hase ist fett und wird uns schmecken. Zu etwas anderem war der dumme Geck nicht zu gebrauchen. Ich habe ihm seinen Verrat lange nachgetragen, jetzt wird er uns nicht mehr anschwärzen." Frau Ermelein zog dem Hasen schnell das Fell ab, und dann fingen sie an fröhlich zu essen. Die Füchsin sprach: „Dem König und der Königin sei Dank,

weil sie so freundlich an uns gedacht und uns diesen leckeren Braten gespendet haben." Da versetzte Reineke: „Eßt nur, es reicht, der Hase schmeckt gut. So wie Lampe soll es jedem ergehen, der mich schmäht und verklagt." Frau Ermelein war schon satt geworden und fragte nun Reineke, wie er denn frei geworden sei. Reineke antwortete: „Wenn ich alles genau erzählen wollte, brauchte ich viele Stunden Zeit. Mit viel List habe ich den König und die Königin betrogen. Wir sind jetzt gute Freunde. Aber die Freundschaft wird nicht lange reichen. Einen falschen Wicht wird er mich nennen, wenn er die Wahrheit erfährt, und bekäme er mich wieder zu fassen, dann würde kein Gold und Silber mich auslösen können. Ich weiß es, bald wird er mich verfolgen. Wenn er mich fängt, komme ich sicher an den Galgen. Wir müssen fort von hier, wir wollen nach dem Schwabenlande ziehen, wo uns niemand kennt. Das ist ein reiches Land, mit viel süßer Speise. Hühner, Gänse, Hasen, Kaninchen gibt es dort in Menge, und Vögel groß und klein. Mit Butter und Eiern backt man dort das Brot. Datteln, Zucker, Feigen und Rosinen sind billig wie Brombeeren. Das Wasser ist süß und klar, die Luft warm und mild. Besonders gut schmecken die Fische. Es gibt da Fische, die heißen Gallinen, die schmecken süßer als Datteln und Feigen. Solche Fische aß ich im Orden, als ich Klausner war. Seht, Frau, dorthin wollen wir ziehen und in Frieden leben. Der König hat mich nämlich deshalb freigelassen, weil ich ihm den Goldschatz König Ermenrichs verheißen habe. Ich schickte ihn hin gen Krekelpütz. Die Fahrt wird ihm nichts helfen, mag er auch den Boden bei Husterloh um und um wühlen. Darüber wird er in schweren Zorn geraten. Noch viele andere Lügen hab' ich ihm aufgetischt, und wenn er einsieht, daß ich ihn hinters Licht geführt habe, dann wehe mir. Aber ich konnte nicht anders, denn ich war in großer Not. Mir lag der Strick bereits am Halse. Wie schlimm es mir künftig auch ergehen mag, keiner wird mich bereden können, wieder an den Hof zu gehen." Frau Ermelein aber widersprach: „Warum sollen wir in ein anderes Land gehen, wo wir fremd und elend sind, wir haben hier alles, was wir begehren. Ihr seid Herr Eurer Güter. Warum wollt Ihr das Sichere aufgeben und in eine ungewisse Ferne ziehen? Unsere Burg ist fest und wohlver-wahrt. Sammelte der König sein Heer und belagerte uns, so gibt es verborgene Gänge genug, aus denen wir entwischen können. Und Ihr wißt selber, ehe der König seine Macht sammelt, vergeht Zeit, und wir können uns darauf einrichten. Nur eines macht mir Beschwerden, Ihr habt einen Eid geschworen, nach Rom und übers Meer zu pilgern." Reineke aber erwiderte lächelnd: „Liebes Weib, das betrübe dich nicht. Besser geschworen, als verloren. Und einstmals hat mir ein weiser Mann gesagt: Ein erzwungener Eid gilt nichts, ist nichtig. Er hindert mich keinen Katzenschwanz. Und was soll ich in Rom? Und in Jerusalem? Die Reise ist mir viel zu beschwerlich. Ich bleibe hier, wie Ihr mir geraten habt. Und zieht der König aus gegen mich, dann hänge ich ihm doch noch die Narrenschelle an die Ohren, denn er ist ein Tor und kann meinem Wort nicht widerstehen."

Wie Bellin den Hasen zurückfordert und wie ihm Reineke eine betrügerische Antwort gibt

Bellin stand draußen. Er war sehr ungeduldig und rief nach dem Hasen: „Lampe, kommt heraus, wir müssen heim!" Reineke hörte es Wort für Wort. Er ging hinaus und sprach freundlich: „Verzeiht, Bellin, Lampe läßt Euch sagen, er müsse bei seiner Muhme bleiben. Sie will ihn nicht fortlassen. Ihr möchtet nur langsam vorausgehen." Bellin aber antwortete: „Ich hörte ihn doch um Hilfe schreien, als ob er in großer Not sei?" Reineke aber wußte ihn zu beruhigen: „Ach, das kam so: Als mein Weib erfuhr, daß ich als Pilger übers Meer reisen solle, wurde sie vor Schreck ohnmächtig. Da schrie der Hase:

‚Helft, Bellin, meine Muhme stirbt‘, und es war ein ganz ängst-
liches Geschrei. Bellin aber war noch immer mißtrauisch
und sagte: „Es klang wie ein Todesschrei.“ Reineke aber
erwiderte: „Nein, Lampe ist nichts geschehen. Ehe Lampe
Schaden nähme, würde ich mich selbst opfern. Und außerdem,
ich wollte mit Euch noch über andere Dinge sprechen. Der
König bat mich gestern, ihm über mehrere wichtige Dinge
Bericht zu geben. Würdet Ihr ihm, lieber Neffe, die Briefe
bringen? Sie sind fertig, und schöne Dinge sind darin gesagt.
Während sich Lampe mit seiner Base unterhalten hat, habe
ich sie geschrieben. Köstlich hat sich der Hase mit meiner Frau
unterhalten. Sie haben gegessen und getrunken, während ich
an den Briefen schrieb.“ Bellin wollte wissen: „Sind die
Briefe auch wohlverwahrt? Wo lass’ ich sie, daß mir kein
Siegel zerbricht?“ Reineke wußte Rat: „Das Ränzel, aus Brauns
Fell gemacht, ist dicht und stark genug. Darin kann man die
Briefe unterbringen. Der König wird Euch großen Lohn gewähren, wenn Ihr ihm die Briefe bringt, und Euch mit großen
Ehren empfangen.“ Bellin war kein kluger Mann, sonst hätte
er Reinekes Lügen nicht geglaubt. Reineke ging wieder hinein,
nahm das Ränzel und steckte Lampes Kopf hinein, den er ihm
abgebissen hatte. Das durfte Bellin nicht wissen. Er ging wieder
hinaus und sprach zu Bellin: „Seht, ich hänge Euch das Ränzel um den Hals, aber ich verbiete Euch, den Brief zu öffnen
und ihn zu lesen. Nicht einmal das Ränzel dürft Ihr aufmachen.
So wie es zugebunden ist, müßt Ihr es dem König überliefern.
Und Ihr sollt sehen, wie der König Euch lobt, wenn er den Brief
gelesen hat, Ihr sollt ihm sagen, daß ich zwar den Brief geschrieben habe, aber Ihr hättet den Inhalt ersonnen und er-
dacht.“ Der dumme und eitle Bellin sprang drei Fuß hoch, als
er das vernahm. Er sprach: „Reineke, geliebter Neffe, nun sehe

ich, welchen Freund ich an Euch habe. Nun werden mich alle Herren am Hofe loben, weil ich den Brief in schönen Worten gedichtet habe. Zwar wohnt diese Kunst nicht in mir, aber sie werden es alle glauben. Ich bin Euch herzlich dankbar. Wie froh bin ich, daß ich Euch gefolgt bin. Aber wie wird es mit Lampe, bleibt er hier oder geht er mit?" Reineke aber antwortete ihm: „Nein, Lampe kann noch nicht mit Euch gehen, ich muß ihm noch einige wichtige Dinge erzählen, geht nur voraus." Bellin hatte es eilig: „Gott befohlen, ich eile, zu Hofe zu kommen." In fröhlichen Sprüngen sah man ihn fortjagen.

Als der König Bellin ankommen sah, Reinekes Ränzel umgehängt, da wunderte er sich: „Woher kommt Ihr? Wo ist Reineke? Ich sehe Euch sein Ränzel tragen?" Bellin antwortete mit Würde: „Großer Herrscher, wißt, daß mich Reineke freundlich bat, Euch zwei Briefe zu überbringen, darin wichtige und gelehrte Dinge stehen. Reineke hat sie mit meinem Rat geschrieben. Ihr werdet feinen Sinn und großen Verstand darin finden. Die Briefe sind in diesem Ränzel." Damit überreichte er dem König die Tasche. Sogleich ließ dieser den Biber Bockert rufen, der sein Geheimschreiber war. Der verstand viele Sprachen und war ein kluger Mann. Auch den Kater Hinze ließ der König herbeiholen.

Bockert kam eilig herbei und verneigte sich vor dem König. Der übergab ihm die Tasche. Alle blickten gespannt auf den Biber, der vorsichtig die vielen Schnüre löste. Aber wie entsetzten sie sich, als er statt der Briefe das blutige Haupt Lampes hervorzog! Die Königin wandte sich ab, und der König senkte vor Gram den Kopf, dann aber sprang er zornig auf, rannte im Zimmer auf und ab und schrie wie unsinnig: „Ich bin belogen, betrogen! Lügen, nichts als Lügen! Reineke ist ein Lump und Betrüger!" Alle Tiere hatten großes Mit-

leid mit dem Herrscher, der die Untreue Reinekes nicht verwinden konnte, aber niemand wagte ein Wort zu sagen. Der
König saß am Tisch und stützte voll Gram sein Haupt in
die Hand. Da trat der Leopard, der dem König am nächsten
stand, an ihn heran und sagte: „Warum seid Ihr so fassungs-
los? Nur weil ein Lump Euch betrogen hat? Faßt Euch, noch
seid Ihr Herr und habt die Macht, Mörder zu bestrafen."
Der König erwiderte: „Ihr habt recht, wie konnte ich nur
diesem Lügner glauben? Wie konnte ich nur meine besten

Freunde, den stolzen Braun und den tapferen Isegrim, in Schande bringen! Das frißt mir ans Herz. Ich begreife selbst nicht, wie ich dem schlimmen Reineke so rasch Vertrauen schenken konnte. Das danke ich meiner Frau", er sprach's mit einem bösen Seitenblick auf die Königin, „sie hat so lange für ihn gebetet, daß ich ihr zuletzt nachgab." Der Leopard aber tröstete ihn: „Betrübt Euch nicht so sehr, was Ihr an Euren Freunden gesündigt habt, könnt Ihr wiedergutmachen. Man soll Isegrim und Braun und auch Frau Gieremund sofort aus dem Gefängnis lösen, und soll ihnen Bellin den Widder als Buße übergeben. Es ist ganz offenbar, daß er Lampes Tod verschuldet hat. Dann aber wollen wir auf Reineke fahnden, und wenn wir ihn haben, dann nicht viel Worte, sondern sofort mit ihm an den Galgen! Kommt er erst zu Wort, dann schwatzt er sich wieder heraus. Diese Sühne wird Braun und Isegrim genügen."

Der König nickte zu den Worten des Leoparden: „Ja, so ist es gut. Geht sogleich hin und holt die beiden aus dem Gefängnis. Sie sind in allen Ehrn wiedereingesetzt. Vergeßt auch nicht, überall bekanntzumachen, daß Reineke nur durch Lug und Trug dem Gericht entging, daß er Lampe den Hasen getötet und seinen König schmählich betrogen hat. Alle Tiere sollen es erfahren, die hier jüngst versammelt waren. Alle sollen Isegrim und Braun Ehrfurcht beweisen. Ihre Sühne aber sei Bellin und sein ganzes Geschlecht."

Sogleich begaben sich die Tiere zum Gefängnis, und der Leopard tat ihnen die Botschaft des Königs kund. Er schloß: „Der König überläßt euch den Widder und sein ganzes Geschlecht, euch und euren Nachkommen. Ihr dürft sie ungestraft ergreifen und töten, sei es in Wald, in Feld oder Heide. Und Reineke ist vogelfrei. Kein Gesetz schützt ihn, nicht ihn, nicht seine Frau und seine Kinder. Straft ihn, wo ihr ihn trefft. Nehmt die Sühne des Königs an und schwört ihm aufs neue Treue!" Bellin aber wurde den Gefangenen feierlich als Sühneopfer überreicht. Von seinem Fleisch hielten die befreiten Gefangenen ihren Befreiungsschmaus.

Wie es der König befohlen hatte, so ist es seitdem geblieben. Braun und Isegrim und ihr ganzes Geschlecht sind ewig feind allen Schafen und Böcken. Sie morden sie, wo es auch sei.

Zu Ehren von Braun und Isegrim ließ der König ein neues Hoffest ansagen. Zwölf Tage sollte es dauern. So freute sich der König, daß Braun und Isegrim wieder seine Freunde waren.

Hier endigt das erste Buch von Reineke dem Fuchs

Hier beginnt das zweite Buch
von Reineke dem Fuchs

Von dem großen Hoftag, den der König hält, und wie mancherlei Vögel und Tiere dahin kommen

Braun und Isegrim zu Ehren hatte der König einen großen Hoftag ausgeschrieben. Alle Tiere waren durch Boten eingeladen worden. Es kamen nicht die vierfüßigen Tiere allein, sondern auch die Vögel groß und klein. Manche Helden sah man daherschreiten und manchen hohen Herrn. Überall auf den Straßen, wo sich ein Trupp Tiere zusammenfand, ging die Rede über Reineke. Und was sich am Hofe versammelte, in Gruppen im Garten, auf dem Hofe oder im Vorsaal, alles klagte über den Bösewicht. Die einen sprachen: „Der König hat uns zu Hofe befohlen. Jetzt ist es mit Reinekes Künsten zu Ende. Er hat ein für allemal des Königs Gnade verscherzt." An anderer Stelle hörte man: „In unserm ganzen Tal klagt man über Reineke. Wir werden ihn anklagen, längst hat er Strafe verdient." Und die Vögel schrien und zwitscherten durcheinander: „Ein arger Schinder ist der Fuchs. Nicht Eier, nicht Junge sind sicher vor ihm. Jetzt soll er am Galgen seine

Himmelfahrt machen." Am Kreuzweg redeten sie: „Wir wollen zusammenhalten, damit er geschändet werde und bestraft für seine Falschheit und Hinterlist." Am Tor traten einige Tiere zusammen: „Ja, hätten wir uns eher miteinander besprochen, längst hätten wir uns an Reineke rächen können, diesem ehrlosen Dieb! Jetzt wird er endlich an den Galgen kommen." Immer mehr Tiere traten herzu: „Wir sind alle voll Zorn. Wenn der König unsere Klagen vernimmt, wird dem Mörder endlich die Strafe werden, die ihm gebührt." So waren sich also alle einig: „Reineke soll nicht länger leben! An den Galgen mit ihm, an den Galgen!"

Wenn die hohen Herren sich sehen ließen, dann schwiegen die Tiere still. Wo aber Braun und Isegrim sich zeigten, da erschollen Hochrufe. Überall sah man freudige Gesichter. In ihrem Thronsaal saßen der König und die Königin auf goldenem Stuhl und begrüßten die Tiere. In langem Zuge wandelten sie vorbei und verneigten sich vor ihm. Huldvoll redete er manchen an. Im anderen Saal aber war Tanz. Auch der König und die Königin erschienen. Schalmeien erklangen und Trompeten. Die Paare wirbelten durcheinander. Nur Isegrims Weib, Frau Gieremund, mußte untätig zuschauen, denn ihre Füße waren noch nicht geheilt. Aber sie fühlte sich geehrt, weil sie vielmals zum Tanz aufgefordert wurde. Im folgenden Saal standen lange Tafeln mit den edelsten Speisen bedeckt. Man aß und trank, und mancher Trinkspruch wurde ausgebracht. Man ließ Isegrim und Braun hochleben. Dazwischen erklang manche Verwünschung auf den schlimmen Reineke. Draußen im weiten Hof aber splitterten die Lanzen im Turnier. Hochrufe auf die Sieger schallten zu den Fenstern des Schlosses herein. Sänger traten vor den König und sangen ihre Lieder. Wie freute sich der Herrscher, daß alles so fröhlich war.

Derweilen lag Reineke auf der Wacht. Seine Burg Malepartus war bewehrt und wohlverwahrt. Der Listige wußte, daß die Zahl seiner Feinde groß, die seiner Freunde klein war. Zu Hofe ging er nicht; in Malepartus allein war er frei und sicher.

Acht Tage schon hatte das Fest am Hofe des Königs gedauert. Der König saß eben mit den vornehmsten seiner Genossen bei Tisch, und die Königin neben ihm. Da humpelte das Kaninchen in den Saal, über und über mit Blut bedeckt, das eine Ohr halb abgerissen, tiefe lange Wunden auf dem Haupt. Niemand hatte es zunächst beachtet, bis es vor der Königin stand, die entsetzt auf das blutende Tier heruntersah. Mit jämmerlicher Stimme sprach es: „Herr König und ihr Herren alle, erbarmt euch mein! Arger Verrat ist mir geschehen, noch nie erhörte mörderische Tat: Reineke hat mich überfallen. Zur sechsten Stunde saß Reineke gestern vor seiner Burg Malepartus. Ich wußte, daß Ihr Landfrieden geboten hattet, und glaubte ungefährdet vorbeigehen zu können. Auch war Reineke im Pilgergewande und es schien, als lese er Gebete. Kaum aber hatte er mich gesehen, als er mir entgegenlief. Ich meinte, er würde mir einen Gruß entbieten. Aber mörderisch fiel er mich an, griff mir zwischen die Ohren und würgte mich. Ich wähnte mich schon verloren, als seine langen und scharfen Klauen mir die Kopfhaut zerrissen. Aber es gelang mir, ihm zu entrinnen. Zornig und giftig fauchte er hinter mir her. Seht, wie er mich zugerichtet hat. Erbarmt Euch meiner Not und bestraft den Bösen. Er hat den Landfrieden gebrochen und ist ein Straßenräuber geworden. Wie kann man künftig noch reisen, wenn Reineke die Straßen unsicher macht?" Während das Kaninchen seine Klagen vortrug, hatte niemand beachtet, wie die Krähe Merknau in den Saal geflattert war. Sie setzte sich vor den König nieder und sprach: „Großmächtigster Fürst, mächtiger König! Ich bringe Euch jammervolle Kunde. Vor Angst kann ich kaum sprechen, und Traurigkeit bricht mir das Herz. Heute morgen, als ich mit Scharfenebbe, meinem Weibe, das Haus verließ, fanden wir auf der Heide Reineke den Fuchs liegen. Er lag da wie ein

toter Hund, die Augen gebrochen, den Mund offen. Weit hing ihm die Zunge aus dem Munde heraus.

Da schrie ich laut vor Schreck: Weh mir, ach und wehe! Der Fuchs ist tot. Wie beklage ich seine Frau Ermelein. Ich befühlte ihm Bauch und Haupt, meine Frau untersuchte seinen Kopf, aber kein Lebenszeichen war zu merken, er lag tot wie ein Stein. Wie wir sorgend um ihn standen, meine Frau bei seinem Munde, da schnappte er nach ihr und biß ihr gleich das Haupt ab. Ich war zu Tode erschrocken und schrie laut auf: Hilfe, helft! Da schoß er empor und schnappte auch nach mir. Ich aber entfloh in Angst und Not, denn ganz nahe griffen seine gierigen Zähne an mir vorbei. Ich flüchtete auf einen Baum und konnte von dorther zusehen, wie der Räuber mein liebes Weib verzehrte. Gierig verschlang er es, man konnte sehen, wie hungrig er war. Sicher hätte er noch mehr dazugegessen. Ich sah, wie er nach der Mahlzeit weglief, und flog herzu. Aber nur einige Federn fand ich von Scharfenebbe, meinem Weibe. Hier weise ich sie Euch als Zeichen des Mordes vor. Erbarmt Euch mein, schafft mir Rache für den Mord. Wird diese Tat nicht gerächt, so macht Ihr Euch mitschuldig an dem Verrat. Ihr hattet den Landfrieden geboten, und Reineke hat ihn gebrochen. Er hat Eure fürstlichen Rechte verletzt und sich gegen Euch aufgelehnt."

König Nobels Gesicht war von Zorn entstellt. Man sah ihn die Zähne zusammenbeißen, grimmig schnob er durch die Nase. Dann rief er: „Bei meiner königlichen Ehre, diese Untaten werden so gerächt, daß man noch lange davon sprechen soll. Wer meinen Landfrieden und mein Geleit bricht, den trifft voll mein königlicher Zorn. Wie unklug war ich, daß ich den Fuchs, den losen Wicht, vom Halsgericht freigab. Wie gerne glaubte ich seinen Lügen und ließ mich von ihm betrügen. Und aus ihm machte ich einen Pilger und schickte ihn gar nach Jerusalem! Wie wußte er mir zu schmeicheln! Aber die Schuld liegt bei den Frauen", — er warf einen schrägen Blick zur Königin, — „Frauenrat taugt nichts. Ihr Herren, seid mit Fleiß bedacht, daß wir Reineke bald in unsere Gewalt bekommen. Wenn wir es ernstlich angreifen, kann er uns nicht entrinnen."

Wie der König Reineke heimsuchen will und Braun und Isegrim sich freuen

Braun und Isegrim freuten sich über die Worte des Königs. Sie sahen ihre Rache nahen und hätten gern den Zorn des Königs noch gesteigert. Aber sie wagten nicht zu sprechen, denn der König war außer sich vor Wut und ganz verstört. Er blickte finster vor sich hin und ballte die Fäuste. Die Königin wagte zu sprechen: „Ich bitt' Euch, gnädiger König, erzürnt Euch doch nicht allzusehr, mir scheint die Sache noch nicht gründlich geklärt zu sein, denn der Beklagte hat noch nicht gesprochen. Wenn Reineke hier zur Stelle wäre, würde mancher den Mund halten. Nun aber finden sie es bequem, ihn zu beschuldigen. Ich habe Reineke für klug und weise gehalten und konnte nicht voraussehen, daß solche wilde Klage gegen ihn neu erhoben würde. Ich sprach für Reineke, weil Ihr seinen Rat braucht. Er ist klug und seine Sippe ist mächtig. Das bedenkt, ehe Übereilung Euch Schande bringt. Ihr habt die Macht, alle gehorchen Euch unbedingt. Geht Ihr gegen Reineke vor, dann kann niemand ihn retten."

Der Leopard suchte zu vermitteln: „Herr, was sollte es Euch schaden können, wenn Ihr Reineke hört? Folgt dem Rate Eurer Frau und ladet ihn zu Hofe." Auch Isegrim wollte Reineke vorgeladen wissen: „Und wenn er sich loslügt von den Anklagen, die wir eben gehört haben, ich weiß so viel von ihm, daß es ihm doch Hals und Kragen kostet. Aber ich will schweigen, bis wir ihn in unserer Gewalt haben." Dann aber hetzte Isegrim: „Welch reichen Schatz hat Reineke dem Könige vermacht! In Krekelpütz bei Husterloh liegt er vergraben! Allerleerstes Stroh ist das, Lüge, Betrug. Braun und mir brachte Reineke die größte Schande. Er raubt und mordet auf den Straßen. Wenn er hätte kommen wollen, wäre er schon hier, die Botschaft des Königs wird ihm nicht entgangen sein." Der König stand auf, mit gebietender Gebärde befahl er Ruhe, fest klangen seine Worte: „Warum wollen wir hier auf Reineke warten? Ich gebiete, rüstet euch alle von heute ab auf den sechsten Tag. Macht euch bereit und kommt mit Harnisch, Spieß und Bogen, mit Büchsen, Äxten und Hellebarden. Alle, die ich zu Rittern geschlagen habe, entbiete ich. Wir ziehen wider Malepartus aus und wollen uns die Feste von innen ansehen. Meine Geduld ist zu Ende, die Klagen über Reineke müssen ein Ende nehmen, sonst geht das Land zugrunde." Da antworteten alle: „Wir folgen Eurem Gebot, heute in sechs Tagen stehen wir bereit." Sie jubelten dem Herrscher zu und schwangen die Schwerter.

Wie der Dachs zu Reineke läuft und ihn warnt

Grimbart der Dachs hatte mit im Rat gesessen, aber er hatte geschwiegen, und niemand hatte auf ihn geachtet. Als der König seinen Ratschluß verkündet hatte und die Tiere in Gruppen umherstanden und das Ereignis beredeten, gelang es ihm, ungesehen das Schloß zu verlassen und den Weg nach Malepartus zu nehmen. Unterwegs sprach er vor sich hin: „Ach Reineke, Ohm, du dauerst mich, du bist der Oberste unseres Geschlechts, immer warst du ein guter Führer und Sachwalter. Wie sollen wir dich entbehren können, du Verschlagener und Listiger!" So jammerte er vor sich hin. So kam er nach Malepartus. Reineke stand eben vor seiner Feste und tändelte mit zwei jungen Tauben, die zu seinen Füßen ängstlich flatterten. Sie hatten den ersten Flug aus dem Neste gewagt, doch waren ihre Flügel noch zu kurz. Sie waren heruntergefallen, und Reineke hatte sie noch im Fluge erhascht. Jetzt biß er sie vollends tot und ging seinem Neffen entgegen: „Willkommen, lieber Neffe, liebster Gesell! Warum lieft Ihr Euch so in Schweiß? Was für neue Kunde bringt Ihr?" Grimbart sprach: „Üble Zeitung bring' ich, Leben und Gut habt Ihr verloren! Der König hat geschworen, Euch einem schändlichen Tode zu überliefern. An alle Vasallen erging sein Gebot, von heute an in sechs Tagen sich zu versammeln mit Bogen, Schwertern, Büchsen und Wagen. Eure Burg wird belagert und erstürmt werden. Statt Euch haben sich Isegrim und Braun beim König eingeschmeichelt. Was sie wollen, das geschieht. Isegrim trägt Euch bitteren Haß nach. Er hat Euch einen Mörder und Räuber genannt. Das Kaninchen und die Krähe erschienen vorm König, Euch zu verklagen. Euer Leben ist in Gefahr, sorgt für Eure Sicherheit!" Reineke antwortete gleichmütig: „Quark! Wißt Ihr nicht mehr! Keine Bohne ist Eure Kunde wert. Warum hat Euch das so erschreckt? Wenn ich nicht dabei bin, macht der König Dummheiten. Lassen wir das, sieh diese beiden Täubchen an, sie sind jung und fett. Ich kenne keine Kost, die ich lieber hätte. Wie süß sie schmecken, halb wie Milch und halb wie Blut. Kommt herein, meine Frau wird Euch wohl empfangen. Aber laßt sie nichts von Eurer Kunde hören, sie regt sich über jede Keinigkeit auf und nimmt sich alles sehr zu Herzen. Morgen wollen wir dann zu Hofe gehen. Ihr seid doch mein Freund und steht mir bei?" Grimbart beteuerte: „Ja, mein Leib und Gut sind Euer!" Reineke drückte ihm die Hand: „Ich danke Euch sehr, niemals werde ich Euch Eure Treue vergessen!" Grimbart erzählte: „Wenn Ihr kommt, könnt Ihr für

Eure Sache sprechen. Der Leopard hat geraten, Euch kein Här-
chen zu krümmen, ehe Ihr nicht selbst zu Worte gekommen
seid. Dasselbe meinte auch die Königin." Reineke erwiderte:
„Wenn ich nur zu Worte komme, dann ist meine Sache gerettet." So traten sie in die Feste ein. Frau Ermelein empfing
sie freundlich. Sie trug gleich Essen auf und brachte die jungen
Tauben, gut zubereitet. Gern hätten sie noch mehr so leckere
Kost gegessen. Auch Rossel und Reinhart hatten ihr Teil ab-
bekommen und spielten nach dem Essen im Saal. Reineke
blickte stolz auf seine Kinder: „Seht, Neffe, das ist gute Rasse,

wie gefallen Euch meine Kinder? Sie werden unser Geschlecht vermehren. Bald sind sie groß. Sie wissen sich schon selbst zu nähren. Schon verstehen sie ein Huhn und ein Küchlein zu fangen und Kiebitz und Ente aufzulauern. Wie geschickt sie ins Wasser tauchen, um die Ente von unten zu fassen. Noch aber muß ich sie Vorsicht lehren, daß sie sich klug vor den Schlingen in acht nehmen, und vor dem Jäger und seinen Hunden. Sie arten ganz dem Vater nach. Sie spielen mit der Beute, lassen sie halb entwischen, dann ein Biß in die Kehle, und sie ist besiegt. Das ist die rechte Weise der Füchse." Grimbart sprach: „Wäre jeder doch so glücklich wie Ihr und hätte Kinder nach seinem Sinn. Ich freue mich, daß sie aus unserem Geschlecht sind."

Dann gingen sie zur Ruhe. Der Saal war mit Heu bestreut, und alle legten sich nieder. Reineke hatte Grimbart seine Sorge nicht merken lassen. Er konnte kein Auge schließen und lag in Gedanken die ganze Nacht. Als der Tag graute, sprach er zu seinem Weibe: „Frau, erschreckt nicht, Grimbart brachte mir gestern die Botschaft, daß ich zu Hofe kommen muß. Grämt Euch nicht, was Ihr auch hören mögt. Aber hütet sorgsam unsere Feste." Frau Ermelein war ängstlich: „Wer zwingt Euch denn, wieder zu Hofe zu gehen? Ihr wißt doch, wie es Euch neulich ging." Reineke sagte: „Es ist wahr, ich war dort in großer Not und habe Feinde dort; aber es geschieht nicht immer, was man wünscht. Gebt Euch zufrieden und ängstigt Euch nicht unnötig; in spätestens fünf Tagen bin ich wieder zurück." Als es heller Tag war, gingen Reineke und Grimbart von dannen.

Wie Reineke und der Dachs abermals an den Hof zum König gehen und wie Reineke beichtet

Reineke und Grimbart gingen zusammen über die Heide, geradewegs zum Schlosse des Königs. Reineke war das Herz schwer. Er sprach: „Gern hätte ich mein Gewissen erleichtert. Nachdem ich Euch neulich gebeichtet, habe ich viel gesündigt. Ich ließ Braun ein großes Stück aus seinem Fell schneiden, ließ dem Wolf und seinem Weib die Schuhe von den Füßen ziehen, denn ich haßte sie. Den König habe ich schmählich belogen, mehr als ich Euch erzählen kann. Die Geschichte von dem Schatz war Schwindel. Lampe habe ich gemordet und Bellin mit seinem Haupt zum König gesandt. Durch meine Schuld hat auch er sein Leben verloren. Das Kaninchen habe ich angefallen, es war mir leid, daß es entkam. Auch die Krähe hat mit ihrer Klage recht, denn sein Weib hat mir gut geschmeckt. Das alles beging ich seit der letzten Beichte, aber noch ein anderes Verbrechen belastet mein Gewissen, das ich Euch neulich zu bekennen vergessen habe. Ist gleich die Schalkheit nur gering, so war es doch gemein, wie ich den Wolf anführte. Wir gingen zwischen Kackis und Elverdingen, da kam eine Mähre mit ihrem Fohlen daher, beide kohlschwarz. Das Fohlen mochte vier Monate alt sein. Isegrim war ganz elend vor Hunger. Er bat mich, die Mähre zu fragen, ob sie ihm das Fohlen verkaufen wolle. Ich ging hin und bestand das Abenteuer. ‚Frau Mähre‘, sprach ich, ‚laßt mich hören, wollt Ihr mir Euer Fohlen verkaufen?‘ Sie antwortete listig: ‚Ja, aber es kostet viel Geld. Die Summe steht auf meinem Hinterfuß. Wollt Ihr sie lesen, so will ich sie Euch zeigen!‘ Ich merkte, was sie vorhatte und sprach: ‚Nein, liebe Frau, lesen oder schreiben kann ich nicht. Auch will ich selbst Euer

Kind nicht kaufen, sondern Isegrim trägt Verlangen danach. Er hat mich zu Euch hergesandt.' Sie antwortete: ‚Laßt ihn zu mir kommen, damit er Bescheid erhält.' Da ging ich zu Isegrim zurück und sagte ihm: ‚Die Mähre hat mir kundgetan, daß der Preis für das Fohlen unter ihrem Fuß steht. Sie wollte es mich lesen lassen, aber ich verstehe keine Schrift. Das ist mir zuweilen recht ärgerlich. Ihr, Ohm, seid ein gelehrter Mann.' Da blähte sich Isegrim vor Stolz: ‚Lesen ist eine kleine Kunst. Ich lese viele Sprachen, Deutsch, Welsch, Französisch und Latein. Auf der Schule in Erfurt habe ich bei den berühmtesten Professoren studiert und manchen gelehrten Streit ausgefochten. Ich bin Lizentiat beider Rechte. Was für Schriften man mir auch vorlegt, ich kann sie lesen und verstehen. Jetzt gehe ich hin, die Schrift zu besehen.' Mit eiligen Schritten begab er sich zu der Mähre, die, ihr Fohlen dicht an sich geschmiegt, mitten auf der Weide stand. Er fragte aufs genaueste nach dem Preis. Sie aber sprach: ‚Auf meinem Hinterfuß steht er geschrieben.' Er antwortete: ‚Laßt sehen!' Sie entgegnete: ‚Schau her!' Sie hob den Fuß, als wenn sie ihn die Schrift lesen lassen wollte. Der Huf war neu mit Eisen beschlagen. Sechs Hufnägel hatte der Schmied hindurchgetrieben. Mit aller Kraft schlug sie ihm den Eisenfuß vor den Kopf. Wie tot stürzte er zur Erde. Die Mähre aber lief mit ihrem Füllen davon. Ich habe aus der Ferne zugeschaut. Über eine Stunde lag der Wolf besinnungslos, dann bewegte er sich, jammerte und heulte vor Schmerzen wie ein Hund. Ich ging hin und nannte ihn Herr Baron und fragte: ‚Wo ist die Mähre hin? Seid Ihr von dem Fohlen satt geworden? Habt Ihr mir noch ein Stück übriggelassen? Wie ist Euch das Verdauungsschläfchen nach dem Mahl bekommen? Könnt Ihr mir nicht auch sagen, was unter dem Fuße stand?

Ihr seid doch als großer Gelehrter bekannt.' Stöhnend und
jammernd erwiderte er: ‚Ach, Reineke, spottet doch nicht über
mich armen Wicht. Der Huf war mit Eisen beschlagen, und die
sechs Hufnägel haben mir sechs tiefe Wunden gebracht.'
Isegrim ist hernach lange Zeit schwer krank gewesen und kaum
mit dem Leben davongekommen.

Nun habe ich Euch, lieber Neffe, alle meine Sünden bekannt. Mein Gewissen ist frei. Nach Eurem Rat will ich mich bessern und künftig Missetaten meiden."

Grimbart antwortete: „Eure Sünden sind sehr groß, aber ich will Euch von ihnen freisprechen. Sie trachten Euch nach dem Leben. Lampes Haupt und Lampes Tod kann Euch am meisten schaden. Es war dreist von Euch, dem König den abgebissenen Kopf des Hasen zu schicken. Das schadet Euch mehr als Ihr zu glauben scheint."

Reineke antwortete wegwerfend: „Quark, deshalb krümmt man mir kein Haar. Wer heute in der Welt leben will, der kann sich nicht so rein bewahren, als wohnte er in einem Kloster. Lampe hat mich verführt, er sprang vor mir herum und war so schön fett. Wie konnte ich anders, als ihn zum Frühstück verzehren? Und Bellin? Nun, wer so plump und dumm ist, wie kann's dem besser ergehen? Als ich die beiden ins Verderben brachte, war mir nicht eben gut zumute, denn ich hatte kurz vorher unter dem Galgen gestanden. Sie können mir nicht mehr schaden, denn sie sind tot und werden mich nicht mehr verklagen. Ich verstehe nicht, warum man dieser Sache eine so große Wichtigkeit zumißt. Es ist heute eine schlimme Zeit, die Großen gehen den Kleinen mit üblem Beispiel voran. Meint Ihr, daß der König nicht raubt? Und was er selbst nicht stiehlt, das läßt er durch Bären und Wölfe holen. Er glaubt sich im Recht, und niemand sagt ihm die Wahrheit, nicht einmal seine Berater oder die Königin. Und wer wagt gegen den König zu klagen? Jeder weiß, daß er damit unnütz die Zeit vertut. Und die meisten fürchten die Macht des Königs. Wir wollen es für eine Ehre ansehen, daß der Löwe unser König ist. Und auch das gilt für eine Ehre, wenn der König seine Untertanen verspeist. Der König, dieses gesalbte Haupt, liebt den am meisten, der ihm was bringt, der nach seiner Pfeife tanzt und überall sein Lob verkündet. In kurzer Zeit wird man merken, daß Braun und Isegrim wieder die Berater des Königs sind. Sie mögen stehlen, rauben und morden, er wird ihnen kein Wort sagen. Und sie sind es nicht allein, die sich zum Schaden des Landes mästen, denn der König vertraut allen blind. Nimmt aber der arme Reineke nur ein einziges Huhn, gleich gibt es großes Geschrei, man sucht ihn, will ihn fangen und an den Galgen bringen. Die kleinen Diebe hängt man, aber die großen sind mächtige Herren und verwalten Städte, Burgen und Land. So ist der Lauf der Welt, warum soll ich allein den Klausner spielen? Aber mein Gewissen läßt mir keine Ruhe. Mich faßt immer die Reue, wenn ich unrecht tue. Gibt es doch auch fromme Leute, die stets nur das Rechte tun; denen sollte ich folgen und nicht nach den großen Herren schielen."

Auf sie war der Fuchs besonders zornig und er zählte dem Dachs in einer langen Rede alle ihre Sünden auf. Grimbart aber wehrte ab: „Ohm, es ist nicht recht, daß Ihr mir die Sünden anderer Leute aufzählt. Dieses Beichten hilft Euch keinen Pfifferling. Bekennt, was Ihr selbst begangen habt."

Mit diesen Unterhaltungen waren sie vor dem Schlosse des Königs angekommen. Reineke klopfte das Herz, und er verbarg kaum sein Zittern. Aber er raffte sich zusammen und sprach: „Ich hab's gewagt."

Wie Martin der Affe nach Rom reist und Reinekes Sache in Rom führen will

Als Martin der Affe hörte, daß Reineke zu Hofe käme, ging er ihm entgegen und sprach: „Lieber Ohm, faßt Euch ein Herz und frischen Mut!" Der Affe wußte genau, wie Reinekes Sache stand, er fragte nach diesem und nach jenem. Reineke antwortete bedrückt: „Mir ist in diesen Tagen das Glück sehr zuwider. Wieder haben etliche Diebe und Lügner gegen mich geklagt. Das Kaninchen und die Krähe sind auch dabei. Dem einen ist sein Weib gestorben, und der andere hat die Hälfte von seinen Ohren verloren. Könnte ich nur den König sprechen, ich wollte es den beiden schon heimzahlen. Am meisten aber schadet es mir, daß ich in des Papstes Bann bin. Du weißt, der Bannfluch traf mich, weil ich Isegrim zur Flucht aus dem Orden verholfen habe. Er jammerte mir damals vor, daß er bei der harten, strengen Zucht, bei dem vielen Fasten und Lesen nicht mehr leben könne. Da habe ich ihm weggeholfen. Das reut mich jetzt, und Dank habe ich auch nicht dafür geerntet. Isegrim schwärzt mich beim König an und schadet mir in jeder Weise. Gehe ich jetzt nach Rom, wer soll meine Kinder vor ihm schützen? Er wird ihnen aufpassen, ihnen nachstellen, sie in Gefahr bringen, und alle meine Feinde werden ihm Helferdienste leisten. Wäre ich jetzt vom Banne frei, mein Herz wäre leichter, und ich könnte mutig für meine eigene Sache sprechen."

Martin antwortete: „Reineke, lieber Ohm, eben bin ich auf dem Wege zur heiligen Stadt. Ich will Euch helfen in allen Stücken. Ich leide nicht, daß man Euch Schaden zufügt. Als Schreiber des Bischofs habe ich gelernt, wie man eine solche Sache bereinigt. Lieber Ohm, beunruhigt Euch also nicht um den Bann, ich bringe Euch frei, verlaßt Euch auf mein Wort. Geht dreist zu Hofe. Dort findet Ihr Frau Riechegenau, mein Ehegemahl. Sie steht bei dem König und bei der Frau Königin in hoher Gunst, denn sie hat einen klugen und behenden Sinn. Sprecht sie an, sie wird sich gern für Euch verwenden. Ihr habt mehr Freunde, als man glaubt. Auch dem König ist bekannt, daß ich mich Eurer Sache angenommen habe, und er kennt mich und weiß, was ich vermag. Auch wird er sich überlegen, wie viele vom Affen- und Fuchsgeschlecht in seinem geheimsten Rate sitzen."

So sprach der Affe und Reineke hörte es gern. Er antwortete: „Ich bin getröstet und werde mich Euch dankbar erweisen." So schieden sie voneinander, und Reineke und Grimbart begaben sich zum König.

Hier endigt das zweite Buch von Reineke dem Fuchs

Hier beginnt das dritte Buch
von Reineke dem Fuchs

Wie Reineke und Grimbart an den Hof kommen und wie Reineke sich vor dem König verteidigt

Reineke kam in den Saal des Königs, wo seine Kläger und Feinde in großer Zahl versammelt waren. Überall begegneten ihm feindliche Blicke, so daß ihm der Mut schier sinken wollte. Doch nahm er sich ein Herz und schritt frei durch die Reihen der hohen Herren, dicht an Grimbarts Seite. Der flüsterte ihm zu: „Seid nicht blöd, immer dreist voran! Nur der Kühne gewinnt Heil!" Reineke erwiderte: „Ihr redet wahr und habt mir wieder Mut gemacht, ich danke Euch!" Nun blickte er sich freier um und sah, daß unter den Versammelten auch zahlreiche Freunde waren. Aber er erwartete nicht viel Gutes von ihnen, denn gar zu oft hatte er mit ihnen sein Spiel getrieben. Er genoß aber doch mehr Liebe und Verehrung, als er erwartete.

Reineke beugte das Knie vor dem König und verneigte sich tief: „Gott der Allmächtige beschütze den König und die Frau Königin! Er gebe ihnen Weisheit und offenen Sinn, um rechtes Urteil zu finden. Ich war Euch allezeit zugetan, das glaubt

mir. aber ich werde angeklagt mit Lüge und Trug. Doch weiß
ich, daß Ihr gerecht und weise seid und dem Rechte keine
Gewalt antut."

Als es in der Burg des Königs bekannt wurde, daß Reineke
vor dem König stand, eilten alle Tiere herzu, und der Saal
füllte sich rasch. Jeder wollte seine Reden hören. Der König

erwiderte Reineke: „Du bist ein großer Bösewicht. Deine glatten
Worte werden dir nichts helfen. Ich habe von dir so viel Trug
und Lüge erfahren, daß ich dir kein Wort glauben kann. Damit
ist es nun zu Ende. Was du der Krähe und dem Kaninchen
angetan hast, genügt allein, dich an den Galgen zu bringen."
Reineke bebte das Herz, und er dachte: „Säße ich doch in meiner

sicheren Burg. Aber es mag kommen, wie es will, ich muß hindurch." Er antwortete bescheiden: „Edler Herrscher, wenn Ihr auf diese Sache ein Todesurteil gründet, so habt Ihr sie nicht recht untersucht. Ich bitte, hört mich an. Ich habe Euch manchen nützlichen Rat gegeben und habe manches Mal das Leben für Euch gewagt, wenn die anderen sich feige davonmachten. Nun drängen sich die Feinde zwischen uns und möchten mich Eurer Huld berauben. Wenn ich gesprochen habe, und Ihr findet mich dann noch schuldig, dann will ich gern Euer Urteil anerkennen. Meint Ihr, ich wäre hergekommen, mitten unter meine Feinde, wenn ich mich schuldig fühlte? Nein, nicht um alles Gold in der Welt. In meinem Schloß war ich sicher und frei. Als mir Grimbart die Nachricht brachte, daß ich hier angeklagt würde, habe ich sofort meine Pilgerreise unterbrochen, um mich zu verteidigen. Am Tor habe ich den Affen Martin getroffen. Der will nach Rom reisen und dort meine Sache führen. Das ist mir lieb, denn um so freier kann ich hier meinen Verleumdern gegenübertreten. Wo ist mein erster Ankläger, das Kaninchen? Tritt hervor, du Schmeichler und Augendiener und wiederhole deine Klage mir ins Angesicht! Dabei ist freilich mehr Gefahr, als falsche Briefe über mich zu lesen. Man soll mich nicht ungehört richten. Bei meinem Wort, den beiden Lügnern, der Krähe und dem Kaninchen dort, habe ich noch Gutes getan. Vorgestern morgen kam das Kaninchen vor mein Haus. Ich war eben herausgetreten und las in meinem Gebetbuch. Es wollte zu Hofe, sagte es mir. Ich antwortete: ,So befehle ich dich der Gnade Gottes.' Da klagte es, es wäre hungrig und müde. Da lud ich es ein, ins Haus zu kommen und setzte ihm Kirschen und süße Butter vor. Das ist zwar nur Fastenspeise, aber anderes esse ich am Mittwoch nicht. Als das Kaninchen sich satt gegessen hatte, kam mein jüngster Sohn an den Tisch, um nach Art der Kinder ein wenig zu naschen. Da schlug ihm das Kaninchen auf den Mund, daß ihm das Blut aus der Nase sprang. Das sah Reinhartchen, mein anderer Sohn, der sprang dem groben Gast zornig an die Kehle. So kam es zum Streit. Ich riß die Kampfhähne auseinander. Hätte ich nicht zugegriffen, die beiden bissigen Bürschchen hätten das Kaninchen umgebracht. So hat es nur ein Ohr verloren, durch seine eigene Schuld. Ich habe meine Kinder gestraft. Wofür also klagt man mich an? Und dann die Klage der Krähe. Sie hat ihr Weib verloren. Sie weiß genau, wie das geschah. In ihrer Gier hatte das Weib einen Fisch samt den Gräten aufgegessen und sich daran den Tod geholt. Nun sagt sie, ich hätte es totgebissen. Man verhöre sie scharf, vielleicht hat sie es selbst erschlagen! Wie hätte ich die Krähe überhaupt erreichen können? Sie kann fliegen, und ich muß gehen. Wer mich anklagt, der soll gültige Zeugen bringen. Das ist mein gutes Recht als Edelmann. Wenn aber die Zeugen fehlen, dann überlasse man die Entscheidung den Waffen. Man gebe mir zum Gegner einen edlen Mann, bestimme Ort und Tag des Kampfes. Wer siegt, der behält die Ehre. So hat es stets in allen Ländern als Recht gegolten."

Alle wunderten sich über Reinekes Kühnheit. Das Kaninchen und die Krähe verzagten und wagten kein Wort der Erwiderung. Sie sprachen leise zueinander: „Wir haben keine Zeugen, und wie sollen wir mit dem wohl kämpfen? Mit Worten behält er stets die Oberhand." Sie schlichen sich still davon.

Wie Reineke vom König verhört wird

Dem Bären und dem Wolf gefiel es schlecht, daß Krähe und Kaninchen den Hof feige verließen, aber auch sie wagten Reineke nichts zu entgegnen. Der König sprach: „Wer gegen Reineke klagen will, der trete vor und spreche frei." Aber es meldete sich niemand. Da wunderte sich der König: „Gestern sah ich doch so viele Kläger!" Reineke sah sich herausfordernd um und sprach zum König: „Herr, laßt Euch sagen, mancher klagt sehr laut an, wenn der Gegner fern ist. Müßte er aber dem anderen ins Gesicht sprechen, so würde er schweigen. Dem Kaninchen und der Krähe ging es ebenso. Schimpf und Schande wollten mir die beiden losen Diebe antun. Nun ich aber selbst zu Gericht gekommen bin, haben sie schnell Reißaus genommen. Wollte man all die Schlimmen, Bösen, Losen und Schlechten hören, so verlöre mancher edle Mann Eure Gnade, der Euch bei Tag und Nacht treulich gedient hat." Der König unterbrach ihn und sprach grollend: „Du Ungetreuer, du loser und böser Dieb, warum hast du denn Lampe das Leben genommen? Du arger Schalk, alle Schuld hatte ich dir vergeben, du ließest dir Ränzel geben und Stab, gelobtest mir mit Mund und Hand, nach Rom zu pilgern und ins Heilige Land übers Meer. Das alles erlaubte ich dir, damit du von Sünden frei würdest. Und was hörte ich als erstes von dir? Daß du Lampe umgebracht! Du hast die Frechheit besessen, mir durch den Kaplan Bellin Lampes Haupt im Ränzel zu senden. Du ließest mir sagen, in dem Ränzel wären Briefe, du hättest sie geschrieben und er sie ersonnen. Das tatest du mir zur Schande, und auch Bellin war nicht unschuldig. Er hat sein Leben mit Recht verloren, und jetzt geht's an dich, du schlimmer Knecht!" Reineke tat sehr erstaunt und erschrocken: „Was höre ich! Ist Lampe tot und auch Bellin? Weh mir, wäre ich nie geboren! So habe ich meinen größten und kostbarsten Schatz verloren! Durch Bellin und Lampe sandte ich Euch kostbare Kleinode, wie sie köstlicher die ganze Erde nicht hat. Wie konnte ich denken, daß der verräterische Bellin den guten Lampe ermorden würde, um die Kleinode zu gewinnen!" Als Reineke so sprach, sprang der König ärgerlich auf. Sein Gesicht verzerrte sich vor Zorn. Aber er brachte kein Wort heraus, wandte sich ab und ging in sein Gemach. Er glaubte Reineke nicht und war fest entschlossen, ihn hängen zu lassen, denn er fühlte sich schmachvoll hintergangen. In seinem Gemach fand er bei seiner Frau, der Königin, die Äffin, Frau Riechegenau. Er und die Königin schätzten sie sehr, denn sie war sehr gelehrt und klug.

Als sie den König zornig sah, sprach sie: „Ich bitt' Euch, er-
zürnt Euch nicht allzusehr. Reineke gehört zum Affengeschlecht.
Als er von der neuen Anklage hörte, ist er sofort gekommen
und hat sich Eurer Richtergewalt unterworfen. Sein Vater
war ein großer Mann an Eurem Hofe und stand in Eurer
Gunst, mehr als Isegrim und Braun. Diese haben zwar Euer
Vertrauen, aber was wissen sie von Urteil und Recht!" Der
König erwiderte ärgerlich: „Sagt selbst, ob man nicht zornig
werden kann, wenn man Reinekes Untaten vernimmt. Er hat
Lampe getötet und Bellin ins Unglück gebracht. Meinen Land-
frieden hat er gebrochen, man zeiht ihn des Raubes, des
Plünderns, der Dieberei, des Mordes, der Verräterei!" Die
Äffin verteidigte ihn: „Herr König, Reineke wird verleumdet.
Er ist sehr klug, deshalb neiden ihn die anderen. Wißt Ihr
nicht noch, wie er Euch riet, den Rechtsstreit zwischen dem
Bauern und dem Lindwurm zu schlichten? Niemand wußte
damals Rat, Reineke aber fand den richtigen Spruch. Ihr mußtet
ihn vor allen Herren loben." Der König antwortete: „Das
habe ich halb vergessen, ich erinnere mich nur, es war eine
verworrene Sache. Erzählt sie mir, wenn Ihr sie noch wißt."
Die Äffin begann eifrig: „Es mag vor zwei Jahren gewesen
sein, da erschien vor Eurem königlichen Gericht ein Lindwurm
und klagte stürmisch wider einen Mann, der wollte sich trotz
zweimaligen Urteils ihm nicht unterwerfen. Das war so gekommen: Der Lindwurm war durch einen Zaun gekrochen und
hatte sich in einer Schlinge, die da hing, gefangen. In seiner
Todesangst rief er einen Mann an, der gerade die Straße ging:
,Ich bitte dich, laß dich erbarmen und löse mich!' Der Mann
sprach: ,Ich will dich lösen, wenn du mir gelobst und schwörst,
mich zu schonen. Mich erbarmt dein Leid und Ungemach.' Der
Lindwurm schwur ihm einen feierlichen Eid, ihm nicht zu

schaden. Da half er ihm aus der Schlinge. Der Lindwurm aber, vor Hunger krank, vergaß seinen Schwur, schoß auf den Retter los, um ihn zu verschlingen. Mit genauer Not entkam der Mann und rief: ,Ist das dein Dank? Hast du mir nicht geschworen, du wolltest mir nicht schaden?' Der Lindwurm eiferte: ,Ach was, Not kennt kein Gebot, der Hunger zwingt mich.' Da flehte der Mann: ,Dann schone mich so lange, bis uns Leute begegnen, die wir als Schiedsrichter anrufen können.' An einem Graben fanden sie den Raben Pflückebeutel mit seinem Sohn Quacke-ler. Die beiden rief der Lindwurm heran und trug ihnen seine Sache vor. Der Rabe entschied, daß der Mann ihm gehöre. Er bedachte wohl seinen eigenen Nutzen und hätte gern ein Stück mitgehabt. Der Mann aber erkannte den Spruch nicht an und widersprach: ,Wie kann ein Räuber Recht sprechen! Suchen wir einen besseren Richter.' Da begegneten sie dem Wolf und dem Bären. Dem Mann war es übel zumute, denn der Lindwurm, zwei Raben, Wolf und Bär standen bedrohlich um ihn herum. Wolf und Bär sprachen: ,Not und Zwang bricht Treu und Eid, du darfst den Mann töten.' Da erschrak der Arme. Schon spie der Lindwurm Gift und Geifer auf ihn und wollte ihn mit dem Ringelschwanz umschlingen. Kaum vermochte der Mann ihm zu entfliehen. Er rief: ,Du willst großes Unrecht begehen, noch ist kein gerechter Richterspruch ergangen.' Der Lindwurm aber geiferte: ,Zweimal bist du mir zugesprochen!' Der Mann aber entgegnete: ,Nur von Räubern und Dieben. Ich will meine Sache dem König befehlen. Entscheidet er auch gegen mich, so will ich mich nicht mehr wehren.' Wolf und Bär sagten: ,Der König wird unsern Spruch bestätigen.' So kam der Mann mit dem Lindwurm, dem Bären und den zwei Raben vor Euer Ge-richt, und drei Wölfe hatten sich hinzugesellt. Isegrim brachte zwei Söhne mit, Nimmersatt und Eitelbauch, die den Mann am meisten ängstigten. Sie heulten und waren plump und grob. Deshalb ließt Ihr sie hinausweisen. Der Mann aber flehte: ‚Der Lindwurm will mir das Leben rauben, wo ich ihn doch von der Todesschlinge befreit habe. Eidvergessen will er mich fressen.' Der Lindwurm antwortete: ‚Not kennt kein Gebot, der Hunger zwang mich, den Mann anzugreifen.' Ihr wußtet keinen Ausweg. Es erschien Euch unrecht, den Lebensretter mit dem Tode zu belohnen, doch dachtet Ihr auch an das Gesetz des Hungers, das keine Schonung kennt. Ihr fragtet Eure Räte. Die meisten sprachen wider den Mann, denn sie wußten alle, wie weh der Hunger tut. Da sandtet Ihr zu Reineke und ernanntet ihn zum Schiedsrichter. Sein Spruch sollte allein entscheiden. Reineke gab diesen Bescheid: ‚Herr, laßt uns nach der Stelle gehen, wo der Mann den Lindwurm befreit hat. Dort werde ich das Urteil sprechen.' Als sie an der Hecke waren, befahl Reineke: ‚Der Lindwurm soll in dieselbe Lage gebracht werden, wie der Mann ihn gefunden hat.' Da kroch der Lindwurm durch den Zaun und steckte den Kopf in die Schlinge. Reineke entschied: ‚Nun sind sie wieder dort, wo sie waren, ehe der Streit begann. Keiner hat verloren, keiner gewonnen. Wenn es dem Mann gefällt, mag er den Lindwurm wieder lösen, will er's nicht, so lass' er ihn gebunden stehen und gehe seiner Wege. Der Mann hat die freie Wahl. Einmal hat ihm seine Rettungstat üblen Lohn gebracht, mag er nun selber entscheiden, wie er handeln will.' Der Mann dankte Reineke auf den Knien, und alle lobten den Urteilsspruch. Auch Ihr habt Reinekes Urteil anerkannt, und die Königin hat ihn gelobt. Gewiß, Braun und Isegrim sind stark und schwer, aber nicht von Klugheit. Nur bei Fressereien sind sie die ersten. Sie trotzen mit ihrer Stärke. Was sie anrichten, ist ihnen einerlei. Bären und Wölfe verderben das Land.

Was sie verwüsten, ist ihnen gleich, wenn sie nur ihre Bäuche mästen können. Reineke aber und sein Geschlecht eignet Weisheit und Klugheit. Es mag sein, daß sich Reineke diesmal verging. Auch er ist kein Stein. Aber Ihr könnt seinen Rat nicht entbehren. Deshalb bitte ich, Ihr wollt ihm Gnade schenken." Der König war nachdenklich geworden und blickte sinnend vor sich hin: „Es ist richtig, so war's mit dem Mann und dem Lindwurm. Aber Reineke ist ein Schalk, und wer ihm vertraut, der sieht sich zuletzt betrogen. Wie weiß er sich herauszureden! Wolf, Kater, Bär, Kaninchen und Krähe, allen ist er viel zu behende. Er fügt ihnen Schaden zu und Schande. Dem einen nimmt er das Auge, dem anderen das Ohr, dem dritten das Leben! Wie könnt Ihr für einen solchen Räuber um Gnade bitten!" Die Äffin aber warnte: „Herr, hört auf mich. Reinekes Geschlecht ist stark und mächtig, das bedenkt!"

Da erhob sich der König und ging wieder in den Saal. Dort bemerkte er eine merkwürdige Veränderung. Reineke stand inmitten seiner Freunde, die in großer Zahl herbeigeeilt waren. Auf der anderen Seite aber waren die Feinde versammelt. Der König ließ sich auf den Thron nieder und fragte: „Hör, Reineke, wie kamst du mit Bellin überein, daß ihr Lampe ums Leben bringen wolltet?" Reineke beteuerte: „Weh mir, wäre ich doch längst tot! Ich bin unschuldig an Lampes Tod. Bellin hat meinen kostbarsten Schatz unterschlagen und deshalb Lampe ermordet. Würde man nur die Kleinode wiederfinden, dann wäre meine Unschuld erwiesen." Die Äffin war dem König nachgefolgt, saß auf den Stufen des Thrones und sprach: „Sind die Kleinode über der Erde, so müssen sie sich finden lassen; wir wollen alle zum Suchen aussenden und alle Leute fragen. Wie sahen denn die Kleinode aus?" Reineke war erleichtert, log frisch darauf los und erzählte: „Oh, sie waren überaus köstlich! Wer sie findet, wird sie sorglich hüten. Wenn ich nur wüßte, wie ich meine Frau beruhige! Sie weiß nichts davon, daß ich die Kleinode diesen beiden Dieben mitgegeben habe. Ich bin betrogen und geprellt und leide großes Unrecht. Und wenn der König mich freispricht von aller Schuld, ich habe doch keine Ruhe und muß wandern von Land zu Land, um die kostbaren Schätze zu suchen."

Wie Reineke die Schätze beschreibt

Reineke sprach: „Edler König, gönnt mir eine kurze Zeit, damit ich Euch von den Kleinoden erzähle!" Der König nickte gewährend, und Reineke fuhr fort: „Das erste Kleinod war ein Ring. Bellin sollte ihn Euch bringen. Aus feinem Golde war er gemacht. Innen standen Buchstaben, emailliert, mit Lazur überzogen. Hebräische Buchstaben waren es, denen ganz besondere Kräfte innewohnen. Niemand im Lande verstand die Schrift als Meister Abryon von Trier. Das ist ein Mann, der alle Sprachen von Pötrau bis Lüneburg kennt, dazu alle Kräuter und Steine und ihre Eigenschaften. Ich ließ ihn diesen Ring schauen. Da wurden seine Augen groß, und er sprach: ,Das ist eine Kostbarkeit. Die Worte, die hier eingegraben stehen, brachte Seth aus dem Paradiese mit, gleichzeitig mit dem Öl der Barmherzigkeit. Wer diesen Ring am Finger trägt, den trifft kein Unglück, keine Plage, er ist gefeit gegen Donner, Blitz und alle Gefahr, gegen Zauber und Verwünschung. Dazu verleiht er langes Leben. Außen an dem Ringelein stand ein wunderkräftiger Stein, ein Karfunkel, licht und klar, der leuchtete wie die Sonne und machte die Nacht zum Tage. Noch mehr Kräfte aber besaß der Ring, er heilte alle Kranken, er wies seinem Träger den richtigen Weg, ließ ihn durch Feuer und Wasser gehen, schützte ihn vor Gefangenschaft und Verrat. Jedem Gift nahm er die Kraft und wandte seinem Besitzer alle Herzen zu. Ich kann nicht alle Tugenden des Steines berichten. Aus dem Schatz meines Vaters nahm ich den Ring und sandte ihn Euch, Herr König, weil ich mich nicht würdig glaubte, ein solch kostbares Kleinod zu tragen. Ihr allein seid seiner wert. Kein edlerer Herr ist auf der Welt bekannt.

Der Königin aber sandte ich durch Bellin einen Kamm und einen Spiegel, die ich ebenfalls dem Schatze meines Vaters entnahm. Mein Weib wollte sich diese Kostbarkeiten aneignen, und ich mußte oft mit ihr darum streiten. Die Königin aber verdiente diese beiden Kleinode, denn sie ist mir in Gnaden geneigt, hat mir manche Wohltaten erwiesen und hat oft für mich gesprochen. Nun ist beides verloren! Der Kamm war aus den Knochen des Panthers geschnitten. Sein Geruch war süß und ließ alle Kranken gesunden. Kunstvoll war der Kamm gemacht, er glänzte wie Silber. Und manch wunderschönes Gebilde war in den Kamm geschnitzt. Die Gestalten waren zierlich und schön und schienen von feinem Gold durchflochten. Da sah man die Geschichte von Paris, der lag an einem Brunnen und vor ihm standen die drei Göttinnen Pallas, Venus und Juno. Sie stritten um einen goldenen Apfel, und sie stritten lange Zeit. Endlich kamen sie überein, Paris sollte der Schönsten den Apfel geben. Als die drei nun vor ihm standen, versprach ihm Juno Reichtum und Schätze. Pallas wollte ihm große Macht verleihen, damit er die Furcht der Feinde werde. Venus aber sprach: ,Was brauchst du noch Macht? Ist dein Vater nicht König? Sind deine Brüder nicht mächtig und reich? Ist ihnen Troja nicht untertan? Wirst du mir den Preis zusprechen, so soll dir der köstlichste Schatz werden, den die Erde trägt. Das schönste Weib ist dieser Schatz, ein Weib, züchtig und tugendsam, schön und edel, voll Weisheit und List. Dieses holdselige Weib ist Helena, des Griechenkönigs Gemahlin, edel, klug, liebreizend und hold.' Da sprach er der Göttin Venus den Apfel zu, und sie half ihm, Helena nach Troja zu entführen. Diese Geschichte war kunstvoll dargestellt und wunderbar mit Zinnoberrot und Lazurblau abgetönt.

Herrlicher noch war der Spiegel. Das Glas des Spiegels war ein schöner und klarer Beryll. Darin sah man alles, was eine Meile umher in der Runde geschah, bei Tag und bei Nacht. Jedes Fleckchen im Auge und im Angesicht verschwand sogleich, wenn man in den Spiegel schaute. Wundert es euch, ihr Herren, daß ich mißmutig bin über den Verlust dieses kostbaren Schatzes? Das Holz, das dem Spiegel zum Rahmen diente, hieß Sethim. Das ist fest und dicht, daß kein Holzwurm es zerfressen kann. Niemals fault es, deshalb hat es den doppelten Preis des Goldes. Nur das Ebenholz hat gleichen Wert. Auf dem Rahmen war manche wunderbare Geschichte eingegraben und die Erzählung in goldenen Buchstaben daruntergesetzt. Die erste Geschichte erzählte von einem Pferde, das wollte das schnellste Tier sein auf der Erde und den Hirsch an Schnelligkeit übertreffen. Das wollte ihm nie gelingen. Da sprach es zu einem Hirten: ,Dir winkt das Glück, sei nicht faul, setz dich geschwind auf meinen Rücken. Folge meinem Rat, es muß dir gelingen, einen fetten Hirsch einzufangen. Denke, sein Fleisch, seine Haut, sein kostbares Geweih kannst du teuer verkaufen.

Sitz auf geschwind und laß uns jagen!' Der Hirte schwang sich auf das Pferd, und sie ritten mit großer Schnelligkeit dahin. Sie sahen den Hirsch bald, konnten ihn aber nicht erreichen. Das Pferd wurde müde und verlangte: ‚Sitz ab, laß mich ausruhen, ich bin müde!' Er aber weigerte sich: ‚Das werde ich nicht tun. Du hast mir nun gehorsam zu sein, sonst gebe ich dir die Sporen. Du hast mir selbst gezeigt, wie man dich zwingt.' So geriet das Pferd in des Menschen Macht, und es verdiente sein Los.

Noch eine andere Geschichte stand auf dem Rahmen des Spiegels: Ein Hund und ein Esel dienten bei einem reichen Mann. Der Herr hatte den Hund lieb und ließ ihn an seinem Tische essen. Oft sprang der Hund auf des Herren Schoß und ließ sich die leckersten Bissen zuteilen. Dann wedelte er mit dem Schwanze und leckte den Herrn um den Bart. Das sah der Esel Baldewin mit Gram an und dachte bei sich: ‚Wie kann der Herr zu diesem faulen Hund so lieb sein? Ich tue täglich saure Arbeit, trage schwere Säcke den ganzen Tag, nicht fünf, nicht zehn Hunde würden das gleiche tun können. Und ich kriege nur Stroh, muß auf der Erde liegen. Sie reiten auf mir, sie beladen mich mit großen Lasten, schlagen mich, wenn ich nicht schnell genug gehe. Manchen Spott muß ich aushalten. Das will ich nicht länger dulden, auch ich will die Huld des Herrn erwerben.' Als eben der Herr aus dem Tor trat, hob der Esel den Schwanz empor, sprang auf den Herrn zu, brüllte gräßlich und sang iah! Er umarmte den Herrn, leckte ihm Gesicht und Wangen, wollte ihm den Mund küssen, so wie er es von dem Hunde gesehen hatte. Der Herr glaubte, der Esel sei toll geworden. Er konnte sich seiner nicht erwehren und schrie in großer Angst: ‚Schlagt das Untier tot!' Da kamen die Knechte mit Knüppeln, verprügelten den Esel jämmerlich

und jagten ihn in den Stall. Er blieb ein Esel wie zuvor und gleicht den Toren, die das Glück des Nächsten nicht ohne Neid ansehen können. Und wenn es einem solchen Esel glückt, Reichtum und Ehre zu erlangen, so weiß er sich doch nicht zu benehmen und stellt sich an wie eine Sau, die mit Löffeln ißt. Esel sollen Säcke tragen und Disteln und Stroh fressen. Wenn Esel große Macht erlangten, dann waren sie immer die allergrößte Plage.

Als drittes Bild stand auf dem Spiegelrahmen, wie einst Hinze der Kater mit meinem Vater am Wasser spazierenging. Sie hatten sich mit schweren Eiden gelobt, alle Beute unter sich gleich zu teilen. Bei Gefahr und Verfolgung sollte einer dem anderen helfen.

Wie sie nun so miteinander wanderten, geschah es einst, daß der Jäger auf ihre Spur geriet. Sie hörten bereits seine Hunde. Da sagte Hinze: ‚Hier ist guter Rat teuer.‘ Mein Vater aber meinte: ‚Ein kleines Abenteuer, weiter nichts. Ich habe einen Sack voll Listen. Denken wir an unseren Eid und halten treu zusammen.‘ Hinze aber entgegnete: ‚Welches mein Rat ist, wirst du gleich sehen!‘ Und er sprang in großen Sätzen auf einen Baum. So geriet mein Vater durch den treulosen Kater in große Not. Hinze verspottete ihn: ‚He, Ohm, warum öffnet Ihr Euren Sack voll Listen nicht?‘ Da waren auch die Jäger schon da, bliesen ins Horn und schrien. Die Hunde waren meinem Vater dicht auf den Fersen, und er konnte ihnen nur mit Mühe entrinnen. Hätte er nicht ein Versteck in der Nähe gewußt, so hätten die Hunde ihn erwischt und ihm das Fell zerzaust. Ein solcher Schelm und Dieb ist Kater Hinze. Ist es ein Wunder, daß ich ihn nicht leiden kann? Ganz vergessen kann ich ihm den Streich nie.

Die vierte Geschichte auf dem Spiegelrande zeigte den Wolf, wie er empfangene Wohltaten vergilt. Einst lief er über ein Feld und fand ein totes, geschundenes Pferd. Nur die Knochen lagen noch da. Daran begann der Wolf zu nagen. In seiner Gier verschluckte er einen Knochen, der blieb ihm quer im Halse stecken. Da war er in großen Ängsten und sandte Boten an viele Ärzte. Aber niemand konnte ihm helfen, obwohl er großen Lohn ausbot. Lütke der Kranich hörte das und kam herzu. Mit seinem roten Barett hielt ihn der Wolf für einen

Doktor und flehte ihn an: ‚O helft mir, befreit mich von den Schmerzen, ich will Euch hoch belohnen!‘ Der Kranich glaubte den schönen Worten, hieß ihn den Mund aufmachen, steckte den Schnabel hinein und zog den Knochen aus dem Schlunde. Da schrie der Wolf laut auf: ‚Weh mir, weh, wie machst du mir Schmerzen!‘ Lütke beruhigte ihn: ‚Seid still, es ist schon vorbei, Ihr seid gesund. Nun aber gebt mir den Lohn.‘ Der Wolf aber höhnte: ‚Hört diesen Geck! Er hat mir Schmerz und Schrecken gebracht und will noch Lohn dafür haben! Er soll froh sein, daß ich ihm nicht das Haupt abgebissen habe, als er mich so quälte. Hat jemand Lohn verdient, so bin ich es.‘ Ihr Herren, so lohnt ein Schalk seinen Knecht."

Reineke blickte sich kühnlich um und fuhr fort: „Diese Geschichten und noch andere mehr standen rings um den

Spiegel her, geschnitzt und eingegraben. Ich hielt mich für unwert, ein so köstliches Ding wie diesen Spiegel zu besitzen. Deshalb sandte ich ihn mit den anderen Schätzen dem König und der Königin. Mir war's leid um meine Kinder, die sich ungern von den Kostbarkeiten trennten. Die Knaben trauerten besonders um den Spiegel, vor dem sie zu spielen und zu springen pflegten. Sie sahen darin, wie ihnen das Schwänzchen hing und das Mäulchen stand. Wie konnte ich annehmen, daß Lampe und Bellin, die ich meine besten Freunde nannte, die Kleinode unterschlagen würden. Die Mörder sind gestraft, aber die Kleinode sind verloren." Herausfordernd blickte er sich um: „Vielleicht ist einer in diesem Kreise, der um die Schätze weiß, und dem bekannt ist, wie Lampe zu Tode kam?" Aber alle schwiegen still.

Wie Reineke vor dem König von den Verdiensten seines Vaters spricht

Reineke hatte jetzt seinen ganzen Mut wiedergefunden. Stolz sprach er zum König: „Mächtiger König, reicher Herr! Vor Euch kommen so viele wichtige Dinge, daß Ihr sie nicht alle im Gedächtnis bewahren könnt. Sonst wüßtet Ihr sicher, was vor Jahren mein Vater, der alte Fuchs, an Eurem Vater getan hat. Euer Vater lag damals schwer krank darnieder. Da hat ihm mein Vater das Leben gerettet, denn er war ein Meister der heilenden Kunst, konnte das Wasser besehen, die Geschwüre aufstechen, Zähne ausziehen, Augen heilen. Ihr wißt nicht mehr davon, denn Ihr wart damals drei Winter alt. Euer

Vater lag in großen Schmerzen und mußte auf einer Bahre getragen werden. Dazu kam der strenge und harte Winter. Alle Ärzte zwischen Rom und Flandern ließ Euer Vater berufen. Aber niemand konnte ihn heilen, und alle gaben ihn auf. Da ließ er zuletzt meinen Vater holen und klagte ihm jammernd seine Not, wie er krank sei bis zum Tode. Das erbarmte meinen Vater sehr, und er sprach: ‚Großmächtiger König, glaubt mir, ich lasse Euch nicht umkommen. Das einzige Mittel, was Euch gesund machen kann, ist die Leber eines Wolfes von sieben Jahren. Die sollt Ihr essen, sonst ist Euer Leben verloren.‘ Der Wolf, der dabeistand, hörte das nicht gern. Euer Vater sprach: ‚Ihr habt es gehört, Herr Wolf, soll ich am Leben bleiben, so müßt Ihr mir Eure Leber geben.‘ Der Wolf zitterte und entgegnete schnell: ‚Herr, es ist wirklich wahr, ich bin noch kaum fünf Jahre alt.‘ Euer Vater sprach: ‚Das wird sich an der Leber zeigen.‘ Da mußte der Wolf in die Küche, sie schnitten ihm die Leber heraus, und er mußte sein Leben hingeben. Sobald der König sie gegessen hatte, fühlte er sich besser und wurde gesund. Er war meinem Vater sehr dankbar und ernannte ihn zum Doktor. Er mußte zu allen Zeiten dem König zur Rechten gehen. Der König verlieh ihm ein rotes Barett mit goldenen Spangen und hielt ihn bis an das Ende seiner Tage in großen Ehren.

Mich behandelt man anders. Des Vaters Dienste sind vergessen. Gierige Schurken stehen bei Euch in Gunst, sie denken nur an ihren eigenen Vorteil. Recht und Weisheit werden von ihnen mit Füßen getreten. Das kommt davon, wenn ein gemeiner Mann zu Macht und Amt kommt. Dann vergißt er sogleich, woher er stammt, wird stolz und hochmütig, hört niemandes Bitten an. Aber Gaben zu nehmen sind Unedle immer bereit. Man kennt ihr Wort: Bringt nur her, fürs erste dies, und dann immer noch mehr. Nach den besten Bissen gieren sie, und es ist ihnen einerlei, ob den Armen die Bissen kleiner werden. Wäre Euer Leben in Gefahr, meint Ihr, jemand würde die Leber für Euch opfern? Und doch ist es besser, zwanzig Wölfe verlieren ihr Leben, als daß der König oder die Königin zugrunde gehen.

Herr, dies geschah in Eurer Jugend, aber es steht mir vor Augen, als wäre es erst gestern geschehen. Auch diese Geschichte stand auf dem Rahmen des Spiegels. Könnte ich den Spiegel wiedererlangen, ich wollte Gut und Leben drum wagen."

Wie Reineke sich noch mehr herauslügt und seine Feinde beschuldigt

Der König sprach: „Reineke, ich habe Euch gern angehört und habe vernommen, was Ihr zu Eurer Verteidigung erzählt habt. Hat Euer Vater sich im Dienste meines Vaters bewährt, so ist er dafür geehrt worden. Das mag lange her sein, ich weiß es nicht mehr. Eure Taten aber sind anders. Bei jeder Klage seid Ihr im Spiel. Wird Euch das alles angedichtet? Warum höre ich nie Gutes von Euch?" Da erwiderte Reineke schlagfertig: „Darauf will ich Euch sofort Antwort geben. Ich habe Euch selber Gutes getan. Das soll kein Vorwurf für Euch sein. Denkt Ihr noch daran, wie der Wolf, Herr Isegrim, und ich zusammen ein fettes Schwein fingen? Es schrie, da bissen wir es tot. Ihr kamt hinzu und klagtet über großen Hunger. Eure Frau würde auch gleich kommen. Isegrim knurrte böse zwischen den Zähnen, ich aber antwortete schnell: ,Herr, es ist Euch gegönnt. Hätten wir doch eine ganze Herde Schweine. Wer soll die Beute teilen?' Da spracht Ihr: ,Der Wolf soll teilen.' Das tat Isegrim gern, aber er teilte, wie er zu teilen pflegt und schämte sich nicht. Ein Viertel gab er Euch, das andere Eurer Frau. An der anderen Hälfte aber begann er gierig selbst zu schlingen. Ohren und Nasenlöcher und eine Lunge warf er mir hin. Ja, großmütig ist er, der Wolf. Als Ihr Euer Stück gegessen hattet, hungerte Euch noch. Doch nichts bot der Wolf Euch an. Da gabt Ihr ihm einen Hieb mit Eurer Tatze zwischen die Ohren, daß er blutende Beulen abkriegte. Mit lautem Heulen lief er fort. Ihr rieft ihm nach: ,Komm wieder her, und ein andermal schäme dich, oder ich werde dir Bescheidenheit beibringen. Jetzt lauf und hole uns mehr zu essen.' Da sprach ich: ,Herr, ich will mit ihm gehen, ich weiß eine Gelegenheit.' Ihr erlaubtet es, und wir gingen zusammen auf die Jagd. Aber Isegrim, dem das Blut von Eurem Tatzenhieb über die Augen rann, ächzte, stöhnte und klagte. Wir fingen ein Kalb, das eßt Ihr gern. Wir sahen Euch schon lachen, als wir es brachten. Ihr lobtet mich und sagtet, ich solle das Kalb teilen. Ich sprach: ,Herr, es gehört Euch halb, und die andere Hälfte gebührt der Königin, die Eingeweide aber, Herz, Leber und Lunge, die spreche ich Euren Kindern zu. Mir gehören die vier Füße und Isegrim erhält das Haupt.' ,Reineke', spracht Ihr, ,wer hat Euch teilen gelehrt nach Hofes Brauch?' Ich antwortete: ,Das hat Isegrim getan, dem Eure Tatze den Kopf blutig gezeichnet hat.' Isegrim, dem gierigen Fresser, wurde seine Gefräßigkeit heimgezahlt. Solche Wölfe findet man viele in Land und Stadt. Sie möchten ihre Untertanen mit Haut und Haaren verschlingen und schonen nicht Blut und Leben. Wo ein Wolf schalten und walten kann, da schwindet die Wohl-

fahrt des Landes. Wehe der Stadt und wehe dem Land, wo die Wölfe herrschen! Von mir aber habt Ihr stets Ehrerbietung empfangen. All mein Gut ist Euer und der Königin, Euch zu dienen, ist mein Ziel. Wenn Ihr des Kalbes oder Schweines gedenkt, werdet Ihr wissen, wer Euer treuester Knecht ist, Reineke oder Isegrim. Isegrim führt stets das große Wort, und Braun nicht minder. Von Reineke aber redet niemand. Ich bin hier verklagt und muß mich verteidigen. Wer mich eines Unrechts zeihen kann, der trete vor! Aber er biete mir auch zuvor das Pfand, das er verlieren will, sein Ohr, sein Gut, sein Leben, und setze es gegen meines. So will es das Recht." Der König antwortete: „Ich halte das Recht nicht auf und habe es nie getan. Wahr ist es, Reineke, man klagt dich an, beschuldigt dich des Mordes an Lampe, der mir ein treuer Freund war. Ist jemand hier, der über Reineke zu klagen hat, der komme her! Es ist wahr, Reineke hielt sich stets zu seinem Herrn, deshalb vergebe ich ihm meine Sache gern. Wer aber sichere Zeugen nennen kann, der soll vortreten und mit Reineke rechten." Reineke jubelte im Stillen und sprach: „Großmächtiger König, mein Leben gehört Euch, habt Dank für Eure Gerechtigkeit. Ich beteure bei meinem Eid, daß mich Lampe, begleitet von Bellin, verlassen hat. Wie konnte ich ahnen, daß Lampe der Tod so nahe war!"

Mit so edlem Anstand hatte Reineke gesprochen, so ernst klangen seine Worte, so treu blickten seine Augen, daß alle seine Worte für lautere Wahrheit achteten. Und als er in Gedanken an Lampes Tod den Kopf senkte und seine Stimme so traurig klang, da bemitleideten ihn alle und sprachen ihm Trost zu. „Reineke", sagte der König, „laßt das Trauern sein.

Reist heim und forscht überall nach Euren Kleinoden. Entdeckt Ihr eine Spur von ihnen, so ist Euch meine Hilfe gewiß."

Reineke verneigte sich, und seine Stimme klang, als sei er sehr gerührt: „Ich danke Euch für Eure tröstlichen Worte. Ich will reisen Tag und Nacht, forschen und fragen, um die Kleinode wiederzufinden. Denn sie sind Euer, und Euch sind sie entwendet. Eure Hilfe nehme ich gern an, wenn ich die kostbaren Schätze entdecke."

Der König war erfreut über solche Dienstfertigkeit, und doch hatte ihn Reineke belogen wie nie jemand zuvor. Dafür konnte er jetzt reisen, wohin er wollte. Isegrim wollte bersten vor Zorn, und Wut. Er fuhr auf: „Großmächtiger König, zwei- und dreifach hat Euch Reineke belogen, und doch schenkt Ihr dem losen Dieb Glauben! Ich bleibe dabei, er ist falsch und ist ein Dieb. Drei Sachen weiß ich noch von ihm. Ich lasse ihn nicht gehen, und sollte ich ihn im Zweikampf bestehen müssen!"

Hier endigt das dritte Buch von Reineke dem Fuchs

Hier beginnt das vierte Buch
von Reineke dem Fuchs

Wie Isegrim der Wolf Reineke aufs neue anklagt

Reineke war vom Könige wieder in Gnaden angenommen worden. Niemand wagte ein Wort gegen ihn zu sagen als allein Isegrim. Zu sehr waren er und seine ganze Familie von Reineke gekränkt worden, um jetzt schweigen zu können. Er bedachte nicht, daß er jetzt allein einem listigen Feinde gegenüberstand, der vor keiner Schalkheit zurückscheute. Besonders aufgebracht war Isegrim über die Schändlichkeiten, die Reineke seinem Weibe und seinen Kindern zugefügt hatte. Er erzählte: „Einst brachte er mein Weib an einen Teich, denn er hatte ihr versprochen, sie Fische fangen zu lehren. Sie brauche nur den Schwanz ins Wasser zu hängen, und es würden sich soviel Fische daran festbeißen, als sie essen könnte. Sie wateten erst durch das flache Wasser, dann schwammen sie und kamen an das Wehr. Dort sprangen sie auf den Balken. Mein Weib mußte den Schwanz ins Wasser hängen. Es war sehr kalt, und schon fror er fest. Sie aber glaubte, schwere Fische hingen daran. Als Reineke sah, daß mein Weib sich nicht bewegen konnte, trieb er seinen Spott mit ihr. Sie heulte und schrie laut. Ich kam von ungefähr des Weges daher und hörte den Notschrei. Als ich hinzukam, wollte mein Herz vor Zorn und Gram brechen. ‚Reineke‘, rief ich, ‚was tust du da?‘ Da machte er sich eiligst davon. Ich mußte durch das kalte Wasser und durch den Schlamm waten und hatte Mühe, das Eis zu zerbrechen. Noch war sie nicht ganz frei, als sie mit Macht zog. Da blieb ein Viertel des Schwanzes im Eise stecken. Sie schrie vor Schrecken und Schmerzen laut auf. Das hörten die Bauern. Sie kamen gelaufen mit Piken, Äxten und Hauen und schrien: ‚Werft das Tier, schlagt es tot!‘ Besonders tobten die Weiber. Sie schrien, wir wären Schafräuber und hätten ihre Lämmer gefressen. Sie drohten mit langen Stangen. Wir mußten flüchten. Quer über das Feld ging die Jagd. Da war ein großer Lotterbube, der war

stark und leicht auf den Beinen. Er stach mit einer Pike nach uns. Wir rannten, daß uns der Schweiß ausbrach. Zuletzt mußten wir doch umkehren und zum Wasser zurückgehen. Wir versteckten uns im Schilf und in den Binsen. Dort fand man uns in der Dunkelheit nicht. Aber alle Schmach und alle Schande schrien die Bauern uns nach. Sie kehrten fluchend heim. Seht, Herr, so ist Reineke! Was er tut, ist Verrat und Mord, Ihr müßt es bestrafen."

Der König antwortete: „Was Isegrim vorbringt, will ich untersuchen. Zunächst aber soll Reineke sprechen."

Der Fuchs hatte keine Miene verzogen und sprach würdevoll: „Wäre es wahr, was Isegrim da spricht, so hätte ich keine Gnade verdient. Es ist richtig, ich habe Frau Gieremund ans Wasser geführt. Sie wollte Fische fangen lernen. In ihrer Gier aber rannte sie zum Wasser und hielt den Schwanz hinein. Ist es meine Schuld, daß sie ihn nicht früh genug zurückzog? Warum war sie so gierig und wartete, daß immer noch mehr Fische anbissen! Als sie nun festgefroren war, wollte ich ihr helfen. Ich hob und schob sie auf jede Weise, doch es war vergebens, sie war zu schwer für mich. Zufällig kam Isegrim daher. Er stand am Ufer und fluchte mehr, als ich jemals gehört habe. Wie war ich erschrocken über diesen Segen! Alles Unheil wünschte er mir auf den Hals. Wie schrie er vor Zorn. Ich wußte, daß sein Toben die Bauern herbeirufen würde und mußte flüchten. Wie konnte ich jemand helfen, der sich wie ein Unsinniger gebärdete! Man frage doch Frau Gieremund, ob es so gewesen ist. Und war es denn schlimm, daß die Bauern sie gejagt haben? Davon ist ihnen das Blut warm geworden, denn es war sehr kalt. Es ist nicht recht von Isegrim, sein Weib hier mit Lügen zu beschämen."

Frau Gieremund aber antwortete: „Seht, Reineke, was Ihr treibt und tut, ist eitel Schalkheit und Büberei. Ihr seid ein Lügner und Betrüger und treibt nichts als Verräterei. Eure Worte klingen gut, aber wehe, wer sich darauf verläßt! Wißt Ihr noch, wie Ihr mich beim Brunnen angeführt habt? Ihr wart in den Eimer gesprungen, und der war mit Euch in die Tiefe gesaust. Ich kam nachts an den Brunnen, um zu trinken. Da hörte ich Euer Heulen. Ich sprach: ‚Wer hat Euch da hineingebracht?' Ihr antwortetet: ‚Oh, ich fange Fische. Springt nur in den anderen Eimer, dann bekommt Ihr Fische die Menge. Ich habe schon so viel gegessen, daß mir der Leib schmerzt.' Ich törichtes Weib glaubte Euch und stieg in den Eimer. Der fuhr hinunter, und Euer Eimer stieg hinauf, an mir vorbei. Darüber wunderte ich mich und fragte: ‚Wie geht das zu?' Da spottetet Ihr meiner: ,So geht das Glücksrad auf und nieder, das ist in der Welt so Brauch. Der eine wird erhöht, der andere erniedrigt.' Damit lieft Ihr davon. Als es Tag wurde, wurden zwei Bauern mein gewahr. Ich hörte, wie sie sprachen: ,Der da unten im Eimer sitzt, frißt uns die Lämmer. Zieh ihn herauf, ich werde ihn totschlagen.' Langsam wurde ich heraufgezogen und kriegte Schlag auf Schlag. Kaum, daß ich ihnen entkam."

Reineke spottete: „Ihr wurdet zu Recht geschlagen. Ich konnte die Schläge nicht so gut ertragen, und einer von uns konnte ihnen nicht entgehen. Außerdem müßt Ihr mir dankbar sein, daß ich Euch bei dieser Gelegenheit lehrte, vorsichtig zu sein. Man muß nicht jedem Glauben schenken, denn die Welt ist schlecht."

Da fiel Isegrim ein: „Ja, die Welt ist schlecht, das sieht man an Euch. Wie oft habt Ihr mich hintergangen. Einst brachtet Ihr mich zu den Affen, die in einem Berg im Sachsenlande wohnten. Wie habe ich da Spott und Schande empfangen! Wäre ich nicht hastig entronnen, ich hätte in dieser Affenhöhle die Ohren gelassen. Und Reineke hat die Äffin seine Muhme genannt."

Der Fuchs erwiderte spöttisch: „Was Isegrim da erzählt, klingt recht verworren. Es waren keine Affen, sondern Meerkatzen. Die Meerkatze ist nicht meine Muhme. Meine Muhme heißt Frau Riechegenau, und Martin, der nach Rom gereist ist, nenn' ich meinen Ohm. Mit den Meerkatzen habe ich keine Gemeinschaft. Sie waren niemals meine Gesellen, denn sie gleichen dem Teufel. Wenn ich die Meerkatze damals meine Muhme geheißen habe, so tat ich's nur, um gut zu speisen. Als wir damals vor der Affenhöhle ankamen, hatten wir uns verirrt. Isegrim war elend vor Hunger. Da sprach ich zu ihm:

‚Kriecht nur in diese Höhle hinein, da werdet Ihr Speise in Fülle finden.' Er aber schickte m i c h hinein. Wenn ich Essen fände, so solle ich rufen. Ich ging durch einen langen und krummen Gang und hatte viel Angst auszustehen. Am Ende fand ich dieser häßlichen Tiere viel, kleine und große. Das waren die Kinder der Meerkatze. Sie selbst lag in ihrem Nest, hatte lange Zähne im weiten Rachen, Klauen an Händen und Füßen und hinten einen langen Schweif. Nie ist mir ein häßlicheres Tier vorgekommen. Die schwarzen Jungen schienen mir junge Teufel zu sein. Und wie schmutzig war es in dem Affennest! Die Affenbrut war mit Kot bespritzt, es war ein teuflischer Geruch. Ich aber stand allein ihnen gegenüber und meinte, es sei nicht gut, sie zu reizen. Deshalb grüßte ich sie schön, stellte mich erfreut, nannte die Kinder Vettern und sie meine Muhme. Vor Angst brach mir der Schweiß aus. Die Meerkatze aber bewillkommnete mich freundlich. Sie brachte viel Speise herbei, Hirsch- und Rehbraten und anderes Wild. Ich aß und fand es zart und mild. Ein Stück von einer Hindin gab sie mir mit. Mein Weib sollt' es haben. Wie war ich froh, daß ich aus dem Loch heraus war! Der schreckliche Geruch hätte mir fast den Tod gebracht. Isegrim aber lag unter dem Baum und jammerte vor Hunger. Ich bot ihm das Stück Braten an. Er aß, es schmeckte ihm wie Zuckerbrot, und er dankte mir. Er wollte mehr davon haben. Ich warnte ihn vor dem garstigen Affennest, doch er wollte nicht hören. Da sagte ich: ‚Wenn Ihr denn hineingehen wollt, dann benehmt Euch klug und sprecht, was die Affen gern hören.' Als er aber die Meerkatzen sah, rief er: ‚Was für häßliche Tiere, pfui Teufel! Sind das Eure Jungen? Geht hin und ertränkt die Höllenbrut!' Da fuhr ihn die Meerkatze an: ‚Was fällt Euch ein, Ihr grober Wicht! Reineke, der vorhin hier zu Besuch war, hat sie gelobt.' Isegrim aber dachte nur ans Essen. Als man ihm nichts vorlegte, wollte er die Speise gewaltsam rauben. Da sprang die ganze Affenbrut auf ihn los, biß und kratzte ihn hinten und vorn. Er begann zu heulen und zu schnaufen. Das Blut lief ihm über die Augen. Er wehrte sich nicht, sondern schoß wehklagend zur Höhle hinaus. Und wie sah er aus! Sein ganzer Leib war von Wunden bedeckt, überall rann das Blut, und das eine Ohr war eingerissen. Warum aber hat ihn solches Ungemach betroffen? Nur er selbst trug die Schuld. Wäre er höflicher gewesen, er wäre wohl empfangen worden."

Wie Isegrim Reineke zum Zweikampf herausfordert

Als Isegrim sah, daß er Reineke nicht mit Worten besiegen konnte, trat er nahe an ihn heran und sagte: „Was hilft alles Streiten! Wer recht hat, wird doch endlich siegen. Reineke, seid verflucht, ich fordere Euch zum Zweikampf. Ihr seid ein Verräter und Mörder. Ich will mit Euch kämpfen auf Tod und Leben!" Damit warf er Reineke den Handschuh vor die Füße. Er wandte sich zum König: „Herr König, Ihr habt es gehört, ich habe Reineke zum Kampf herausgefordert. Wer siegt, der soll im Recht sein." Reineke war anfangs erschrocken, denn er dachte: „Nun geht's ans Leben, denn er ist groß, und ich bin klein. Was hülfe mir alle List, wenn Isegrim im Kampfe Sieger wäre. Einen Vorteil habe ich: Ich ließ ihm schon die Klauen abschinden. Deshalb werde ich ihm widerstehen können." Stolz trat er Isegrim entgegen, warf ihm seinen Handschuh vor die

Füße und rief: „Isegrim, Ihr selbst seid ein Verräter! Die Sachen, deren Ihr mich beschuldigt, die lügt Ihr Euch in Euren Hals hinein. Über Eure Kampfansage freue ich mich sehr, denn schon längst habe ich den Kampf begehrt."

Der König hatte sich würdevoll erhoben. Er ließ sich die beiden Handschuhe reichen und sprach ernst: „Ihr sollt Bürgen stellen, daß Ihr morgen zum Kampf erscheinen wollt." Da traten zu Isegrim Hinze der Kater und Braun der Bär. Zu Reineke aber gesellten sich Grimbart der Dachs und Mohnike, der Sohn Martins des Affen.

Wie die Äffin Reineke zum Kampf vorbereitet

Rasch ging die Versammlung der Tiere auseinander. Reineke wurde von seinen Freunden umringt. Die Äffin sprach zu ihm: „Tut alles mit Bedacht! Ich weiß ein Kampfmittel, das schützt gegen Not und Tod. Darum seid fröhlich, lieber Neffe, Euch kann nichts geschehen!" Die Freunde blieben bei Reineke über Nacht und vertrieben ihm die Zeit. Die kluge Äffin aber wußte Rat. Sie schor Reineke vollständig kahl und rieb ihn mit Öl und Fett ein. So konnte ihn Isegrim nirgends greifen. Dann gab sie ihm guten Rat: „Sorgt, daß Ihr Euren buschigen Schweif durch Staub und Schmutz schleppt. Damit schlagt Isegrim in die Augen, damit er nicht sehen kann. Zuerst müßt Ihr Euch stellen, als ob Ihr furchtsam wäret. Weicht ihm aus, aber lauft immer gegen den Wind. Werft Isegrim mit den Füßen Staub und Erde ins Gesicht." Als sie ihn so gelehrt hatte, legte sie

ihm die Hand aufs Haupt und sprach den Kampfzauber:
„Gaudo statzi salphenio, casbu gorfous as bulfrio!" Grimbart
sagte die Worte feierlich nach. Dann führten sie Reineke zu
Bett. Er schlief bis zum Morgen. Otter und Dachs weckten ihn
und halfen ihm beim Ankleiden. Der Otter brachte eine Ente,
die er mit kühnem Sprung gefangen hatte. Die ließ sich Reineke
gern munden. Er aß und trank und ging mit seinen Freunden
zum Kampfplatz.

Wie Isegrim und Reineke miteinander kämpfen

Als Reineke vor den König trat, kahl geschoren und von
Öl und Fett triefend, da lachte der Herrscher laut auf. Er
sprach: „O Fuchs, wer hat dich das gelehrt! Zu schlau bist du
diesem Geschlecht von Toren. Immer findest du ein Loch, um
zu entschlüpfen." Reineke verneigte sich ehrfurchtsvoll vor dem
König und beugte zweimal das Knie vor der Königin. Er
lächelte, winkte und grüßte nach allen Seiten. Mit flinken
Sprüngen eilte er in den Kampfring. Da kam auch Isegrim
mit seiner Schar an. Sie blickten böse auf Reineke, und viele
Flüche wurden laut. Auch sie begaben sich in den Kampfring,
und die Schranken wurden geschlossen. Als letzte drückte die

Äffin Reineke die Hand und sprach: „Denkt daran, was ich Euch gesagt habe!" Reineke war guten Muts und antwortete: „Ich hoffe, diesen Schurken zu bestehen. Wie oft stand bei nächtlichen Beutezügen mein Leben in Gefahr. So will ich auch diesen Kampf nicht scheuen und Ehre holen für mich und mein Geschlecht."

Lauernd erwartete Reineke den Angriff des Wolfes. Der kam in großen Sprüngen daher, im offenen Mund blitzten seine scharfen Zähne. Reineke wich geschickt aus, lief gegen den Wind, warf dem Wolf mit den Füßen Staub und Sand ins Gesicht. Den buschigen Schwanz schleppte er durch Staub und Schmutz. Er ließ den Wolf nahe herankommen, sprang dann kurz zur Seite und schlug dem Wolf mit dem Schweif in die Augen, daß er vor Schmerz laut aufheulte. Dann setzte er das alte Spiel fort, bis Isegrim kaum noch sehen konnte. Isegrim hielt sich die Augen zu und brüllte vor Schmerz und Wut. Da fuhr Reineke herum, biß und kratzte ihn, daß ihm das Blut aus vielen Wunden rann. Während er ihn zerrte und quälte, mußte er Reinekes Spott erdulden: „Herr Wolf, Ihr habt manch unschuldig Lamm umgebracht. Dies ist Eure Buße. Habt Geduld, bald ist's mit Euch zu Ende. Wollt Ihr mir gute Worte geben, vielleicht schone ich Euer Leben." Da hatte er Isegrim auch schon an der Kehle und wollte ihn ganz niederreißen. Aber der Wolf war ihm zu stark, er riß sich los. Da griff ihm der Fuchs zwischen die Augen, schlug ihm ein Auge aus, daß ihm das Blut über die Nase lief. Reineke frohlockte: „So ist es gut!" Isegrim aber raste vor Wut. In wildem Sprung schoß er auf Reineke los, warf ihn um und bekam ihn zwischen die Füße. Mit seinem Munde erfaßte er Reinekes Vorderfuß. „Die Hand ist hin", dachte Reineke. Wild knurrte ihn Isegrim an: „Du Dieb, deine Stunde ist gekommen! Ergib dich, oder

135

ich schlage dich tot! Du hast mich belogen und betrogen
und mich gar zu oft geschändet. Nun ist auch mein Auge hin.
Du kommst nicht lebend von diesem Platze." Reineke dachte:
„Nun bin ich in Not. Ergebe ich mich nicht, so bringt er mich
um. Unterwerfe ich mich aber, so habe ich ewigen Schimpf."
Da ging er den Wolf mit süßen Worten an: „Lieber Oheim,
ich will Euch untertan werden. Ich will Euch einen Eid schwö-
ren, Euer Knecht zu sein in Ewigkeit. Alle meine Verwandten
hier in der Runde sollen Euch dienen. Ich will Euch in Ehren
halten, Ihr sollt König werden in diesem Lande. Alles, was
ich an Beute fange, soll Euer sein, Hühner, Gänse, Enten oder
Fische. Ihr seid stark, ich gelte für klug, halten wir zusammen,
wer kann uns widerstehen? Auch sind wir nahe Verwandte,

warum sollen wir miteinander streiten? Ich wollte nicht mit Euch kämpfen, aber Ihr habt mich herausgefordert. Schonend bin ich mit Euch verfahren und dachte, Euch eine Niederlage zu ersparen. Hätte ich gegen Euch Groll und Haß gehabt, so wäret Ihr jetzt übler zerschlagen. Euer Auge, das war nur ein Versehen, und es ist mir von Herzen leid. Und e i n Auge zu haben, ist auch ein Vorteil: Man braucht beim Schlafe nur ein Fenster zu schließen. Auch will ich Euch bekennen, daß ich Euch schändlich belogen und betrogen habe. Ich schwöre Euch, nie habt Ihr mir Böses getan. Könnt Ihr eine größere Sühne verlangen? Wenn Ihr mich tötet, was kann es Euch helfen! Meine Freunde würden mich rächen, und Ihr müßtet in ständiger Furcht leben." Der Wolf erwiderte knurrend: „Du falscher Wicht, wie gern würdest du dich befreien. Doch bötest du mir alles Gold der Welt, ich lasse dich doch nicht frei. Alle deine Versprechungen sind keine Eierschale wert. Nach der Feindschaft deiner Freunde frage ich nichts. Und meinst du, mein Auge und meine Wunden gälten für nichts? Ich wäre toll, ließe ich dich los. Verräter, nun kostet dir's Leben und Leib!" Während der Wolf so zu ihm sprach, schob der Fuchs vorsichtig die andere Hand vor und packte den Wolf heimtückisch von hinten her um den Leib, drückte ihn und biß ihn. Der Wolf brüllte auf vor Schmerzen, ließ den Fuchs los und suchte sich freizumachen. Um so mehr kniff der Fuchs ihn, biß und kratzte. Dem Wolf brach der Angstschweiß aus, er wehrte sich gar nicht mehr, ließ sich hin- und herzerren, kratzen, schlagen, beißen. Er stürzte nieder, halb ohnmächtig. Der Fuchs riß ihm fast den ganzen Leib auf und schleifte ihn quer über den Platz. Der Geschlagene winselte und stöhnte und jammerte in unendlichen Schmerzen. Da gingen die Freunde des Wolfes zum König und baten, daß er dem Kampfe Halt gebieten möge.

Wie Reineke mit List den Sieg gewinnt

Der König war aufgestanden und winkte den Kampfwächtern. Sie öffneten die Schranken und gingen zu Reineke, dem Helden: „Reineke, der König wünscht, daß Ihr Isegrim das Leben schenkt, Ihr seid der Sieger. Alle sagen es, die Jungen und die Alten. Deshalb übt Gnade und übergebt Isegrim dem König." Reineke ließ sofort von Isegrim ab, verneigte sich gegen den König und antwortete: „Mehr als den Sieg kann ich nicht verlangen, doch möchte ich, ehe ich dem König antworte, meine Freunde befragen." Die riefen ihm laut zu: „Ja, Reineke, es ist gut, folge der Bitte des Königs!"

In hellen Haufen durchbrachen die Freunde Reinekes die Schranken und füllten den Kampfring. Der Dachs, der Affe, der Otter, Biber, Marder, Wiesel, Eichhorn, alle beglückwünschten den Sieger. Manche, die früher nicht gern als seine Verwandten gegolten hatten, kamen auch heran, brachten Weib und Kinder. Sie riefen: „Hoch!" Sie sangen Siegeslieder, Trommeln schollen, Posaunen klangen. Kaum konnte man die Lobreden verstehen, mit denen sie Reineke beglückwünschten: „Seid fröhlich, Reineke, Ihr habt kühn gekämpft! Ihr habt für Euch und Euer Geschlecht Ehre erworben. Wie sorgten wir uns, als wir Euch unterliegen sahen! Da schlug's um, es war eine treffliche Tat." Sie hielten Reineke an den Händen, und die Kampfwächter schritten voraus. So führten sie ihn zum König. Er kniete vor dem Herrscher nieder. Der hieß ihn aufstehen und sprach: „Ihr habt den Kampf in Ehren gewonnen, darum seid Ihr ledig aller Strafe. Damit beschließe ich die Sache für heute. Wenn Isegrim genesen ist, will ich weiter darüber entscheiden."

Reineke dankte dem König in klugen Worten und fügte

hinzu: „Als Isegrim mich hier anklagte, da wollte niemand
etwas von mir wissen, und alle schrien: ‚Kreuzigt ihn!‘ Man-
chem von den Schreiern habe ich nie etwas Böses getan. Es
ging ihnen, wie jenem Haufen Hunde, die einst vor einer
Küche lauerten, ob sie etwas zu essen erlangten. Da sahen sie
einen Hund aus der Küche kommen, der hatte dem Koch ein
Stück Fleisch gestohlen. Doch der Koch hatte ihn mit heißem

Wasser begossen und ihm Rücken und Schwanz verbrannt. Da riefen die anderen Hunde: ‚Seht, dieser hat den Koch zum Freunde! Ein großes Stück Fleisch hat er ihm geschenkt.‘ Er aber antwortete: ‚Ihr preist mich von vorn und seht mit Behagen mein Fleisch, das ich im Munde trage. Seht mich aber von hinten an!‘ Da blickten sie hin und sahen, wie verbrüht er war. Da graute sie und sie liefen davon. So geht's den Gierigen allen! Solange sie das Fleisch im Munde des anderen sehen, halten sie zu ihm. Erblicken sie aber die geschundene Haut, dann rennen sie gleich fort. Herr König, mit Reineke soll es so nicht gehen! Ihr sollt Euch meiner nicht zu schämen brauchen. Ich will Euch mit Fleiß dienen und mich Eurer Gnade würdig erweisen.“

Der König erhob sich und sprach mit stolzer Würde: „Ich habe Eure Meinung wohl verstanden. Ich will Euch wieder als edlen Baron in meinem Rat sehen. Mein Hof kann Euch nicht entbehren. In meinem geheimsten Rate sollt Ihr sitzen. Niemand ist am Hofe zu finden, der mir mit schärferem Rat, mit schlauerer List dienen kann. Aber hütet Euch vor neuen Missetaten! Ich ernenne Euch zum Kanzler des Reichs. Meine Siegel lege ich in Eure Hände, Ihr sollt für mich sprechen und für mich regieren. Was Ihr verordnen und schreiben werdet, das gilt, als hätte ich es selbst getan.“

So war Reineke zur höchsten Ehre des Hofes emporgestiegen. Niemand stand über ihm als nur der König selbst.

Wie Reineke mit großen Ehren von Hofe scheidet

Reineke sprach dem König ehrerbietigsten Dank aus: „Großmächtiger König, habt Dank für die Ehre, die Ihr mir erwiesen
habt! Ich werde Euch die Gnade nie vergessen. Gott erhalte
Euch und der Frau Königin langes Leben. Das Amt, das Ihr
mir aufgetragen habt, will ich gern erfüllen, denn ich habe Euch
lieb und achte Euch hoch. Nun aber bitte ich um Urlaub, damit
ich zu Weib und Kindern komme. Sie tragen Sehnsucht
nach mir."

Der König antwortete gütig: „Reist unbesorgt! Fahrt frank
und frei von Ort zu Ort. Aber kommt bald wieder, Reineke,
ich bedarf Eurer."

So nahm der Fuchs Abschied. Der König geleitete ihn eine
Strecke. Reinekes Freunde, ihrer vierzig an der Zahl, gaben
ihm das Ehrengeleit. Reineke schritt als Herr voraus und
winkte dem König zurück. Wie war er fröhlich und stolz, wie
trug er den breiten Schwanz hoch! War er doch der erste
Mann im Reiche. Er dachte: „Nun kann ich meine Freunde
belohnen. Weisheit ist mehr als Gold."

Zur gleichen Zeit sah man im Kampfring ein anderes Bild:
Mit hängenden Köpfen und traurigen Blicken umstanden
Isegrims Freunde den Schwerverwundeten. Niemand hatte die
traurige Gruppe beachtet, nur die Königin blickte mitleidig
hinüber. Jammernd kniete Frau Gieremund neben Isegrim.
Da brachten Hinze und Braun eine Bahre getragen, die war
weich mit Heu bedeckt. Viele Meister der ärztlichen Kunst
wurden herbeigerufen. Sie untersuchten Isegrims Wunden,
an sechsundzwanzig zählten sie. Die Wunden wurden aus-
gewaschen und mit weißem Leinen verbunden. Sie gaben ihm
einen stärkenden Trank, denn er war ohnmächtig geworden.

Aber er kam nicht zur Besinnung. Da rieben sie ihm ein Kraut ins Ohr, und die Ohnmacht wich. Frau Gieremund blickte verzweifelt die Ärzte an. Die nickten würdevoll und sprachen: „Er wird wieder gesund werden, wir wollen ihn salben und baden." Vorsichtig trugen ihn Hinze und Braun auf der Bahre fort und legten ihn ins Bett. Vor Erschöpfung schlief er ein. Aber der Schlaf dauerte nicht lange, zu groß waren die Schmerzen. Auch konnte er den Schimpf nicht überwinden. Er versank wieder in Ohnmacht.

Wie Reineke von seinen Freunden nach Malepartus geleitet wird

Im Triumph führten sie Reineke nach Malepartus, seinem Bau. Vor der Burg nahmen sie Abschied von ihm. Er dankte ihnen für die Ehre und den Beistand, den sie ihm erwiesen

hatten. Stolz und würdig sprach er: „Meine Freunde werden nie vergeblich zu mir kommen." Dann schieden sie von ihm. Reineke ging zu Frau Ermelein hinein. Seine Kinder sprangen ihm entgegen und hingen sich an ihn. Ermelein hatte in schweren Sorgen auf ihrem Lager gelegen. Sie fuhr auf und schrie vor Freude. Sie fragte ihn gleich nach seinem verdrießlichen Handel. Reineke antwortete und stolz klangen seine Worte: „Mit großen Ehren bin ich geschieden! Ich habe des Königs Gunst errungen und bin in den geheimsten Rat des

Königs aufgenommen worden. Dadurch hat unser ganzes Geschlecht große Ehre gewonnen. Der König hat mich zum Kanzler des Reichs erhoben, ich führe seine Siegel. Was Reineke tut und schreibt, das gilt im ganzen Reiche. Mit dem Wolf habe ich gekämpft. Ich habe ihn niedergeworfen. Es wäre ein Wunder, wenn er mit dem Leben davonkäme. Viele Wunden hat er davongetragen, er ist halb geblendet. Er und sein ganzes Geschlecht ist beschimpft und geschändet. Nie wird er mich wieder verklagen." Wie froh war die Füchsin über diese Kunde! Sie umarmte Reineke, und die Kinder kletterten an ihm herauf. Frau Ermelein sprach: „Ja, nun wollen wir leben! Keine Sorge wird uns mehr betrüben!"

So war nun Reineke zu hohen Ehren gekommen, wie dies Buch es erzählt hat. Weise sei Alter, und Jugend lerne Tugend und meide das Böse. Darum ist dieses Buch gedichtet, so soll man es verstehen. Fabeln und andere Gleichnisreden dienen zur Lehre. Jeder halte sich fern die Torheit und übe Weisheit zu allen Zeiten.

Also endigt Reinekens Geschichte.

Gott helfe uns zu seiner ewigen Herrlichkeit!

ANNO DOMINI MCCCCXCVIII. LUEBECK.